Freidoune Sahebjam

Die gesteinigte Frau

Die Geschichte
der Soraya Manoutchehri

Aus dem Französischen von
Renate Heimbucher

Rowohlt

Das Nachwort schrieb der Autor
für die deutsche Ausgabe
Die Originalausgabe erschien 1990 unter dem Titel
«La femme lapidée»
bei Éditions Grasset & Fasquelle, Paris
Redaktion: Ingke Brodersen
Umschlaggestaltung: Susanne Müller
(Fotos: Sipa Press, Mauritius)

1.–15. Tausend März 1992
16.–23. Tausend April 1992
Copyright © 1992 by Rowohlt Verlag GmbH
Reinbek bei Hamburg
«La femme lapidée» Copyright © Éditions Grasset & Fasquelle, 1990
Alle deutschen Rechte vorbehalten
Satz aus der Walbaum (Linotronic 500)
Gesamtherstellung Clausen & Bosse, Leck
Printed in Germany
ISBN 3 498 06267 0

Für Safinaz,
für Caroline und für Cécile,
für Michèle, die mich gedrängt hat,
diesen Bericht zu schreiben und
die nicht mehr unter uns ist,
um ihn zu lesen.

Inhalt

Tu es nicht dem Scheinheiligen nach,
der seine Hinterlist zu verbergen sucht,
indem er mit lauter Stimme den
Koran zitiert.

Schamsoddin Mohammad Hafes,
persischer Dichter des 14. Jahrhunderts

1
Soraya

Im südöstlichen Iran, etwa sechzig Kilometer von der Stadt
Kerman entfernt, liegt die Ortschaft Kuhpayeh mit ihren
strohgedeckten Backsteinhäusern. Der Name bedeutet
«am Fuß des Berges». Das Dörfchen klammert sich an
einen kahlen Berghang und ist nur schwer zugänglich.
Eine einzige, steinige Straße führt dorthin, die sich in stau-
bigen Serpentinen den steilen Hang hinaufwindet. Einmal
in der Woche, wenn Markttag ist, kommt frühmorgens ein
schwankender Autobus in Kuhpayeh an. Er bringt ein paar
Reisende, Bauern zumeist, die ihre auf dem Dach des Vehi-
kels aufgetürmten Waren feilbieten und andere erwerben
wollen, um sie drunten in der Ebene weiterzuverkaufen.

Ein kleiner Fluß mit eiskaltem Wasser und ein Wald aus
Buchen, Birken und Olivenbäumen fassen das Dorf ein.
Dahinter erstrecken sich Felder und Wiesen, auf denen
Kühe und Schafe weiden. Hier wurde Soraya im Jahr 1951
geboren.

Soraya nannte man sie, weil sie genau an dem Tag zur
Welt kam, an dem der Schah eine Prinzessin mit diesem
Vornamen heiratete. Damals war das ganze Land in Fest-
tagsstimmung gewesen. Sorayas Vater, Morteza Ramazani,

9

der erst spät in den Stand der Ehe getreten war, blickte stolz auf dieses Geschenk Gottes: «Sie wird das schönste Mädchen im ganzen Dorf sein, und ich werde sie für den besten unserer Burschen aufheben. Er muß sich ihrer würdig erweisen!»

Shokat, ihre Mutter, war eine gottesfürchtige Frau, um deren Gesundheit es nicht zum besten bestellt war. Mit dreizehn zum erstenmal Mutter geworden, hatte sie danach noch fünf Kinder zur Welt gebracht, von denen zwei in jungem Alter gestorben waren. Ein Arzt, der aus Kerman heraufgekommen war, um sie zu untersuchen, hatte sehr entschieden zu Morteza gesagt, daß jede weitere Entbindung für sie tödlich sein könnte. Daraufhin nahm sich Morteza – das Gesetz erlaubte es ihm – eine *Sigheh*, eine Nebenfrau, die mit unter seinem Dach wohnte und ihm noch vier Kinder schenkte. Alle lebten einträchtig zusammen, Shokat aber blieb Mortezas Lieblingsfrau. Die Konkubine mußte die niedrigen Arbeiten verrichten. Viele Jahre lang tat sie klaglos ihre Pflicht. Als die Krankheit Shokats Körper dann völlig lähmte, kümmerten sich die beiden ältesten Söhne und Soraya um den Haushalt. Alle drei hatten Lesen und Schreiben gelernt, um den Koran und die amtlichen Bekanntmachungen lesen zu können.

Die Dorfschule war nicht jeden Tag geöffnet, denn der Lehrer war zugleich Töpfer, und wenn er das Brennen der Tongefäße überwachen mußte, gingen die Kinder auf die Felder spielen. Eines Tages hatte Ghorban-Ali, ein zwölfjähriger Junge, einen Drachen gebaut. Stundenlang hatte er mit Holzstöcken, Papier und Klebstoff herumgebastelt, um dieses Spielzeug herzustellen, das dann nicht fliegen wollte. Mal war das Holzgerüst zu schwer, mal zerfetzte der Wind das Papier, mal hielt der Klebstoff nicht; manchmal riß sogar die Schnur. Endlich jedoch hatte er es geschafft: der große Augenblick war da. Ungefähr zwanzig Kinder hatten sich auf der Wiese versammelt, die atemlos zuschauten, wie der Drachen langsam und majestätisch in die Höhe schwebte. Jedes Kind durfte ihn für eine Weile halten.

Dann war Soraya an der Reihe. Mit der langen Schnur, an deren Ende der Drachen befestigt war, lief die Fünfjährige zaghaft über die Wiese. Sie blickte zu dem sie anfeuernden Kinderschwarm, stolperte über einen Stein und fiel hin. Dabei entglitt ihr der Drachen, der ein Stück weit davonflog und dann hinabsank. Als sich Soraya mit aufgeschlagenem Knie mühsam aufgerappelt hatte, waren ihre Spielkameraden verschwunden.

Sie flüchtete sich nach Hause.

Man verband ihr das Knie, und bald lief sie wieder hinaus. Sie war noch keine zehn Schritte weit gekommen, als die Kinder angerannt kamen und sie beschimpften:

«Komm und sieh, was du angestellt hast. Du bist ein Dummkopf. Du darfst nie mehr mit uns spielen.»

Die Kleine wußte nicht, wie sie sich verteidigen sollte.

«Na los, komm mit», schrie Ghorban-Ali sie an. «Schau, wo du ihn hast landen lassen!»

Er packte das Mädchen und zerrte es, mit der Kinderschar im Gefolge, zum unteren Teil des Dorfes. Der Drachen hatte sich im Wipfel einer Buche verfangen, so hoch oben, daß man ihn nicht herunterholen konnte. Die längste Leiter in Kuhpayeh maß wohl kaum mehr als vier Meter, und keine der Stangen, mit denen man die Nüsse von den Bäumen schlug, würde lang genug sein. Hinaufzuklettern war unmöglich, denn die oberen Äste waren zu schwach, um das Gewicht eines Halbwüchsigen zu tragen.

Und der Stamm war zu dick, als daß man ihn auch nur ein Stück hätte bewegen und den Baum schütteln können.

«Du mußt uns einen neuen Drachen bauen. Ehe er nicht fertig ist, wirst du nicht mehr mit uns spielen.»

So entschied Ghorban-Ali, und die anderen Kinder, die jetzt mit Sand und Kieselsteinen nach Soraya warfen, stimmten ihm zu. Sie verbarg ihren Kopf in ihren Röcken und wartete ab. Sie war sehr bekümmert, doch weinen wollte sie vor ihren Spielkameraden auf keinen Fall. Sie unterdrückte ein Schluchzen und kniff die Augen zu. Als alles still geworden war, hob sie den Kopf und stellte fest, daß nur ihre Kusine Massumeh noch neben ihr saß.

«Mach dir keine Sorgen», sagte Massumeh. «Ich helfe dir, einen neuen zu bauen. Und du wirst sehen, der wird noch viel schöner.»

«Ich hasse Ghorban-Ali, ich hasse ihn, er ist gemein. Ich will ihn nie wieder sehen.»

Als Soraya zehn Jahre alt war, brachten ihre Eltern sie in die Stadt und gaben sie zum *Arbab*, dem Grundbesitzer, in die Lehre.

Die Kinder wohnten und aßen bei ihren Arbeitgebern, erhielten aber keinen Lohn für ihre Arbeit. Sie schliefen wenig und mußten täglich mehr als fünfzehn Stunden arbeiten, ganz zu schweigen von den Nächten, in denen man sie wegen jeder Kleinigkeit aufweckte.

Das junge Mädchen konnte den *Arbab*, einen dicken, ungepflegten Menschen, der sie oft schlug, nicht leiden. Aber was konnte sie schon ausrichten gegen einen so mächtigen Mann, der immer ein Gewehr in seinem Auto liegen hatte? Sie senkte den Kopf, entschuldigte sich und küßte ihrem Herrn und Meister die Hand. Drei Jahre lang mußte sie alle Demütigungen und Schikanen des jähzornigen Mannes erdulden und sich, immer wenn seine Frau aus dem Haus war, auch noch von ihm mißbrauchen lassen. Er ließ das junge Mädchen in sein Schlafzimmer kommen, entkleidete sie langsam, flüsterte ihr Worte zu, die sie nicht verstand, und wenn sie dann nackt vor ihm stand, küßte er sie auf die knospenden Brüste und masturbierte dabei. Das Mädchen begriff überhaupt nichts, empfand nichts und sagte nichts. Als Dank steckte er ihr ein paar Pistazien oder Datteln zu, und bei Morgengrauen war sie wieder bei ihrer Arbeit.

Ihre Eltern sah sie während der drei Jahre beim *Arbab* nie. Manchmal jedoch kam einer ihrer Brüder sie besuchen. Dann erhielt sie die Erlaubnis, mit ihm eine Viertelstunde im Garten zu verbringen.

Soraya mußte bis zu ihrer Hochzeit unbedingt Jungfrau bleiben, das wußte der *Arbab*, sonst hätte es einen großen Skandal gegeben und er hätte dem Vater des Mädchens eine Entschädigung zahlen müssen. Und zu jener Zeit, vor der Revolution, wurden Unzuchtdelikte sehr streng geahndet.

Die beiden Söhne des Grundbesitzers machten sich über Soraya lustig, kniffen sie in die Brust und faßten ihr an den Hintern, weiter wagten sie jedoch nicht zu gehen, denn sie wußten, daß sie ihrem Vater gehörte. Einer der beiden mußte eines Tages eine schallende Ohrfeige einstecken, weil er sich an dem Mädchen vergreifen wollte und der Vater just in diesem Augenblick ins Zimmer kam. Soraya rannte erschreckt davon und versteckte sich im Keller.

Eine Woche später kehrte sie endgültig nach Kuhpayeh zurück.

Soraya war dreizehn, schon beinahe eine junge Frau, als

sie in ihr Dorf zurückkam, und es wurde beschlossen, sie dem zwanzigjährigen Ghorban-Ali gegen ein paar Stück Vieh, einen Flecken Land und einige Teppiche zur Frau zu geben.

Als Ghorban-Ali Soraya wiedersah, erkannte er sie nicht. Zum erstenmal spürte er seine Männlichkeit. Bisher hatte er noch keine Erfahrungen mit Frauen gehabt. Im Dorf standen keine zur Verfügung, in die Stadt war er nie gekommen, und um nach Kerman ins Bordell zu gehen, fehlte ihm das nötige Geld. Natürlich gab es Mädchen im Dorf, aber sie waren entweder noch zu jung oder hatten keine Mitgift oder waren ihm zu häßlich.

Jedesmal wenn der dicke Grundbesitzer kam, versammelte sich die gesamte Gemeinde auf dem Dorfplatz, um den Herrn willkommen zu heißen, dem alle Häuser, alle Felder und Wiesen und vor allem das Wasser im Fluß gehörten und der sein Land an die Bauern verpachtete. Die Dorfbewohner kamen und küßten ihm zum Zeichen ihrer Unterwürfigkeit die Hände oder die Füße und beteten zum Allmächtigen, daß er den *Arbab* und seine Familie vor Krankheit, vor dem göttlichen Zorn und vor allem Unheil bewahren möge. Und jeder brachte ein Paket, einen Samowar oder Nahrungsmittel zu dem großen, ein wenig abseits gelegenen Haus. An jenem Abend wurden ihm Kinder vorgestellt, die er zu sich in die Lehre nehmen sollte.

Die Hochzeit von Soraya und Ghorban-Ali wurde im Herbst 1964, kurz nach Sorayas Rückkehr gefeiert. Aus diesem Anlaß kamen ein Mullah und eine Schar fahrender Musikanten aus der Stadt herauf.

Die Dorfbewohner hatten ihre schönsten Kleider angelegt, die Männer waren frisch rasiert, die Frauen mit glänzendem Geschmeide geschmückt, und gegen Abend wurde auf dem Dorfplatz, wo der Mullah die Zeremonie leitete, ein großes Feuer angezündet. Der *Arbab* und seine Familie durften auf einer dicken Schicht von Teppichen und Kissen Platz nehmen. Als die Nacht hereinbrach, begann das Fest.

Soraya hielt sich abseits, umringt von den Frauen aus dem Dorf. Die emsigste war zweifellos ihre Tante Zahra, die das Fest besonders schön gestalten wollte. Sie hatte das junge Mädchen mit großem Geschick zurechtgemacht: ihr die Augenbrauen gezupft, auf Lippen und Wangen Rouge aufgelegt, das Haar mit ein wenig Henna getönt, die Wimpern mit Maskara getuscht und die Augen mit Khol-Stift umrahmt. Um die Stirn hatte sie ihr ein gold- und türkisfarbenes Schmuckband gebunden; dann hatte sie ihr die Fingernägel lackiert und ihr ihren schönsten, aus Seiden- und Silbergarn gewebten Tschador geschenkt. «Denn ich will, daß du die schönste junge Braut bist, die das Dorf je gesehen hat.»

Wie es die Tradition verlangt, verhüllte sie das Gesicht der jungen Braut mit einem Schleier, den diese während der ganzen Zeremonie tragen mußte, denn keiner durfte sie sehen, bevor die Ehe vollzogen war.

Man hatte drei Hammel geschlachtet, die sich nun gut eingeölt am Spieß langsam über dem Feuer drehten, von dem Tausende von Funken in den Himmel stoben. Die Musikanten spielten auf, und die Männer tanzten einer nach dem anderen und drehten sich im Kreis. Die Frauen saßen abseits und klatschten fröhlich in die Hände. Dem *Arbab* wurde das Essen in seinem eigenen Geschirr serviert, aber dem Brauch der Dorfbewohner gemäß, aß er das Hammelfleisch und den Reis mit den Fingern. Die Lieder und Tänze dauerten bis spät in die Nacht. Bei der ersten

Morgendämmerung erlosch das Feuer, und alle gingen schlafen. Zum letztenmal blieben die beiden frisch Vermählten im Haus ihrer Eltern. Am nächsten Morgen traute ein Mullah das junge Paar im Rathaus.

Dreimal fragte der Geistliche den jungen Mann, ob er Soraya zur Frau nehmen wolle. Auf die beiden ersten Fragen gab er keine Antwort. Die dritte beantwortete er mit Ja. Der jungen Braut wurde die gleiche Frage gestellt. Auch sie bejahte beim drittenmal.

Sie küßten den Koran, den man ihnen hinhielt, trugen ihre Namen in ein Register ein, und der Mullah verlas die Heiratsurkunde. Nur Soraya brachte eine Mitgift ein; der *Arbab* hatte seiner ehemaligen Hausgehilfin einen Samowar, einen Teppich, eine Öllampe, eine Schlafmatte und etwas Geld geschenkt.

Ghorban-Ali hatte außer einer Halskette, die ihm seine Mutter überlassen hatte, einem Korsi für die langen Winterabende und einem alten, abgewetzten Teppich vor allem seine Arbeitskraft zu bieten und mußte sich verpflichten, seine Frau und seine zukünftige Familie zu ernähren.

Am Abend machten die Frauen unter dem Regiment von Zahra Khanum die Braut zurecht. Sie wurde gewaschen, enthaart und parfümiert. Als der Bräutigam dann endlich mit ihr allein war, sprach er kein Wort mit ihr. Er löschte die einzige Lampe im Haus, warf sich auf sie und drang mit Gewalt in sie ein. Zehn Monate später wurde Hossein-Ali geboren, dem ein totgeborenes Kind und zwei Jahre später Hassan-Ali folgten. Danach kamen zwei Töchter zur Welt, Maryam und Leila, dann wieder ein Totgeborenes, dann zwei weitere Kinder, die am Leben blieben. Als Soraya vierundzwanzig war, hatte sie schon neun Kinder geboren. Ihr letztes Baby, die kleine Khojasteh, kam in dem Jahr zur Welt, als die Revolution ausbrach.

Wie schon sein Vater, war auch Ghorban-Ali ein Faulpelz, aber immer darauf aus, ein Geschäft zu machen und einen Vorteil für sich herauszuschlagen. Er interessierte sich für alles, was am Rande der Legalität war, wilderte hier und klaute dort, und die islamische Revolution mit den Veränderungen, die sie im Dorf herbeiführte, bot ihm die Gelegenheit, sich als wichtiger Mann aufzuspielen.

Einmal im Monat fuhr er mit dem Bus in die Stadt hinunter, um seinen Geschäften nachzugehen. Was das für Geschäfte waren, fand Soraya nie genau heraus, aber jedesmal wenn er zurückkam, hatte er einige hundert Rial in der Tasche, die dafür verwendet wurden, das Allernötigste für den Unterhalt der Familie einzukaufen.

Seine Frau vernachlässigte Ghorban-Ali mit der Zeit immer mehr. Im Dorf ging das Gerücht, er habe in der Stadt ein Verhältnis mit einer geschiedenen Frau, deren Vater in ständiger Verbindung mit den Schmugglern von Zahedan stand. Man munkelte von Edelsteinen, amerikanischen Zigaretten, Alkohol, ja sogar von Drogen. Aus Kerman waren Gendarmen heraufgekommen, um den Bürgermeister und Ghorban-Ali zu vernehmen, doch sie mußten unverrichteter Dinge wieder abfahren. Bald darauf wurde bei einer Schlägerei im Tal ein Mann getötet, und Sorayas Gatte hatte sich am Tatort befunden. Man legte ihm nahe, sich nicht mehr in der Stadt sehen zu lassen; von da an wurde er schweigsam und noch gewalttätiger; ständig erhob er die Hand gegen seine Frau und die Kinder. Einmal flüchtete sich Soraya mit blutiggeschlagenem Gesicht zu ihrer Mutter, ihre jüngste Tochter auf dem Arm. Eine Woche lang weigerte sie sich, in die eheliche

17

Wohnung zurückzukehren. In dieser Zeit führte Zahra für sie den Haushalt und kochte das Essen für den Jähzornigen, bis dieser reumütig beim Schwiegervater vorsprach.

Die Jahre vergingen, und Soraya verlor ihre Jugendfrische. Sie war erst achtundzwanzig, als das Schah-Regime gestürzt und im Iran die Republik errichtet wurde, aber sie wirkte viel älter. Von einem Tag auf den anderen verschwanden sämtliche Porträts des Schahs und der Shabanu. An ihre Stelle traten die Bilder bärtiger Männer mit Turban.

In dem kleinen Dorf änderte sich zunächst wenig, außer daß es hieß, die Behörden würden den Männern nun wieder erlauben, mehrere Frauen zu haben. Von da an wollte Ghorban-Ali von seiner Frau nichts mehr wissen. Er rührte sie nicht einmal mehr an. Sie beklagte sich darüber nicht. Er verdrückte sich ins Tal und tauchte nur noch selten zu Hause auf. Soraya zog sich immer mehr zurück und wurde unscheinbar wie ein Schatten, als schäme sie sich, daß sie ihren Mann nicht hatte halten können.

«Ich will sterben», sagte sie eines Abends zu ihrer Mutter. «Ich will sterben, Mutter, ich kann nicht mehr. Er schlägt mich, er beschimpft mich, er verprügelt die Kinder.»

Shokat Khanum blieb stumm, sie wußte nicht, was sie ihrer Tochter sagen sollte, denn die Dorftradition ließ nicht zu, daß sich die Eltern in Familienangelegenheiten ihres Schwiegersohnes einmischten.

Seit neuestem genossen die Männer unumschränkte Autorität und trafen alle Entscheidungen allein.

Und im Dorf hieß es, Ghorban-Ali treibe sich nur deshalb so oft in der Stadt herum, statt zu Hause bei seiner Familie zu bleiben, weil Soraya eine schlechte Ehefrau sei.

Soraya schämte sich, wenn sie über den Dorfplatz ging. Man grüßte sie nicht mehr, sprach kaum noch mit ihr, man ging ihr aus dem Weg. Was hatte man ihr vorzuwerfen, was hatte sie verbrochen? Sie hatte ihren Mann nicht zu halten vermocht wie die anderen Frauen in Kuhpayeh, sie senkte den Kopf, anstatt ihn hoch zu tragen, sie war nicht imstande, ihre Probleme allein zu bewältigen, ohne sich ständig an ihre Eltern zu wenden. Sie hatte einen Erstgeborenen, der stahl und log und Unruhe im Dorf stiftete, kurzum, sie war eine schlechte Ehefrau und unwürdige Mutter.

Nur ein paar Freundinnen zeigten ihr noch ein wenig Sympathie, aber auch sie luden sie nicht mehr zu sich ein.

Soraya verstummte, sie sprach nur noch mit ihrer ältesten Tochter und mit ihrer Tante Zahra, lautlos weinend erduldete sie die Schläge ihres Mannes und ihres ältesten Sohnes.

Als ihre Mutter starb, ging sie eine Woche lang nicht aus dem Haus und weigerte sich, das Essen zu kochen. Erst am siebten Tag nahm sie ihre Arbeit wieder auf. Ihr Vater besuchte sie und schenkte ihr die Halskette ihrer Mutter.

Soraya küßte den Edelstein, dann die Hände ihres Vaters, begleitete ihn zur Tür und flüsterte ihm zu:

«Ich hab dich lieb, Vater, vergiß das nicht...»

Dann schloß sie die Tür hinter sich.

Eines Tages, als traditionsgemäß das *Sizdah-Bedar*-Fest, der dreizehnte Tag im neuen Jahr, begangen wurde und alle Bewohner von Kuhpayeh ihre Häuser und das Dorf verlassen hatten, damit ein reinigender Geist die Mauern vom Schmutz des vergangenen Jahres säubern konnte, hörte Soraya, die als einzige daheim geblieben war, wie draußen eine Autotür zugeschlagen wurde. Verwundert ging sie ans Fenster und erblickte Ghorban-Ali, der zusammen mit einer Frau aus dem amerikanischen Wagen des *Arbab* stieg. Das Paar kam auf das Haus zu. Schnell versteckte Soraya sich. Sie hörte, wie die Haustür geöffnet und leise wieder geschlossen wurde. Gewisper und leises Lachen drangen zu ihr. Das Paar schien sich zu amüsieren. Dann trat eine tiefe Stille ein. Soraya wußte, was das bedeutete. Die Schamröte stieg ihr ins Gesicht. Wie konnte er eine fremde Frau in ihr Haus bringen und mit ins Bett nehmen, eine Prostituierte, für die er sicherlich einige hundert Rial hatte bezahlen müssen, während sie kaum genug hatte, um ihren Kindern etwas zu essen zu kaufen?

Eine halbe Stunde später fuhr das Auto wieder in die Ebene hinunter. Als Soraya aus ihrem Versteck hervorkam, roch das ganze Haus nach Puder und Parfum. Als sie gerade ein wenig Ordnung machte, trat Zahra Khanum herein. Die beiden Frauen sahen sich einen Augenblick lang an, dann sagte die alte Frau nur:

«Ich habe alles gesehen. Ich bin heute zu Hause geblieben. Sag nichts. Ich bin für dich da!»

Und wie ein schwarzer Schatten verschwand sie so schnell, wie sie gekommen war.

Soraya wußte, daß Ghorban-Ali hin und wieder zu Prostituierten in Kerman ging. Wenn er aus der Stadt nach Hause kam, haftete seinen Kleidern oft ein fremdes Parfum an. Aber noch nie hatte er eine dieser Frauen mit nach Hause gebracht, noch nie hatte eine Fremde in ihrem Ehebett gelegen.

Soraya wußte auch, daß er unsaubere Geschäfte betrieb, wenn er nicht im Dorf war, denn seit einiger Zeit schien er zu einem gewissen Wohlstand gekommen zu sein. Daß man den *Arbab* verhaftet hatte, war ihr bekannt. Wie aber kam es, daß ihr Mann nun den Wagen des Grundbesitzers fuhr? Wo hatte er Auto fahren gelernt? Wer hatte es ihm beigebracht?

Soraya hatte jeglichen Kontakt zur Außenwelt abgebrochen, nur ihren Vater, Zahra Khanum und den Bürgermeister ließ sie noch ins Haus.

Jetzt hörte man Soraya nicht mehr schreien, wenn Ghorban-Ali bei seiner Rückkehr aus der Stadt die Familie terrorisierte und alles kurz und klein schlug, was ihm unter die Hände kam. Schweigend ließ sie alles über sich ergehen, versteckte sich, bis sich das Gewitter verzogen hatte, und weinte stumm. Nur die jüngsten Kinder brüllten vor Schmerz.

Soraya bemerkte, daß ihr Mann und der Mullah, der erst seit kurzem im Dorf war, oft und lange zusammensaßen, so als würde ein sonderbares Einverständnis sie verbinden. Offenbar war Ghorban-Ali von der Bildung, dem Wohlstand und der Autorität des Geistlichen fasziniert und beneidete ihn um seine elegante Erscheinung und die Geschicklichkeit, mit der er sich im Dorf durchgesetzt hatte. Ghorban-Alis Bemühungen, dem Mullah darin nachzueifern, waren lächerlich. Seine Sprache war und blieb plump und ungehobelt, er trug immer noch die gleichen schlampigen Kleider und einen dichten, ungepflegten Bart. Er ging selten ins Bad, und er stank trotz der billigen Duftwässer, mit denen er sich parfümierte. Scheich Hassan jedoch war klar, daß Ghorban-Ali ihm nützlich sein konnte, und so war er bemüht, auf ihn einzugehen. Wenn er mit ihm zusammen war, sprach er anders als sonst, suchte nach einfachen, volkstümlicheren Wörtern. Soraya gewöhnte sich daran, daß die beiden Männer sich freundschaftlich auf die Schulter klopften, dröhnend miteinander lachten und sich in Gesprächen miteinander austauschten.

Gegenüber Soraya zeigte sich der Mullah betont aufmerksam. Sie jedoch verabscheute die anzüglichen Blicke, mit denen er sie ansah, und wich seinen Versuchen, mit ihr ins Gespräch zu kommen, jedesmal aus. Eines Tages jedoch, als sie allein zu Hause war, kam der Scheich zur Tür herein, bat, sich setzen zu dürfen, und sagte:

«Soraya Khanum, ich komme im Auftrag von Ghorban-Ali zu Ihnen...»

Sie hatte es vermutet und dieses Gespräch schon seit längerer Zeit erwartet. Hassan zog seine Gebetsmühle aus der Tasche, legte seinen Koran auf den Tisch und fuhr fort:

«Ihr Mann hat sich bei mir beklagt, Sie würden nicht mehr mit ihm sprechen, sich nicht um ihn kümmern, ihn sozusagen vernachlässigen...»

Soraya sah ihn reglos an, ohne den Blick zu senken.

«Er ist Ihr Mann. Er hat jedes Recht, das wissen Sie gut, jedes Recht. Sie dürfen ihm nichts verweigern. Er ist ein guter Ehemann, der seiner Arbeit nachgeht, Ihnen Geld nach Hause bringt und seine Kinder liebt.»

Die junge Frau hätte darüber am liebsten gelacht, aber sie hielt sich zurück, nur ein leichtes Zucken ihres Mundes vermochte sie nicht zu unterdrücken; sie verbarg es hinter einem Zipfel ihres Schleiers.

«Ghorban-Ali möchte mit Ihnen eine Vereinbarung treffen. Wir haben lange darüber gesprochen, und ich denke, sein Vorschlag ist sehr anständig. Nun...»

Scheich Hassan räusperte sich, rückte seine Brille auf der Nase zurecht und strich sich leicht über den Bart.

«Er möchte sich scheiden lassen, denn er hat in der Stadt eine andere Frau kennengelernt, die er heiraten will. Aber er hat nicht die Mittel, zwei Frauen zu ernähren. Also überläßt er Ihnen das Haus, die Kinder, die Möbel und den kleinen Acker, den Sie für sich selbst bebauen können, aber er wird Ihnen keinen Rial mehr geben.»

Hassan hob den Blick zu Soraya und wartete auf ihre Antwort.

«Dagegen gibt es wohl nichts einzuwenden», hakte er nach. «Sie trennen sich, ich verfasse die Scheidungsurkunde, und Sie sind sich nichts mehr schuldig. Er läßt Ihnen alles, das ist großzügig von ihm, finden Sie nicht?»

Die verschleierte Frau gab noch immer keine Antwort.

«Soraya Khanum, wir sind unter uns, ich bin ein Mann Gottes, ich bin wie der Prophet, mit mir können Sie reden. Was sagen Sie dazu?»

Etwas verlegen fuhr er fort:

«Ich selbst möchte Ihnen auch einen Vorschlag machen. Er kommt nur von mir, Ghorban-Ali hat damit nichts zu tun. Nun, äh, wie soll ich es Ihnen sagen...»

Er wurde immer verlegener, schwitzte reichlich und ließ seine Finger knacken, zwischen denen er die Perlen seines Tasbihs bewegte.

«Ja... also, ich würde mich glücklich schätzen, wenn ich für Ihre Bedürfnisse und die Ihrer reizenden Kinder aufkommen dürfte. Sie verdienen es wirklich... nur in der ehrlichsten Absicht natürlich! Ich würde Sie ab und zu besuchen, wir plaudern ein wenig, lernen uns besser kennen...»

Der Mullah rutschte immer nervöser auf seinem Stuhl hin und her. Soraya stand wie erstarrt vor ihm.

Just in diesem Augenblick erschien Zahra. Sie hatte sich

im angrenzenden Zimmer aufgehalten, und Hassan hatte sie nicht bemerkt. Sie trat vor den Scheich, der von seinem Stuhl aufsprang.

«Herr Hassan Lajevardi oder wer Sie auch sein mögen, verlassen Sie dieses Haus, bevor ich das ganze Dorf zusammenrufe. Schämen Sie sich! Der Zorn Gottes komme über Sie! Sie Teufelsbrut, der Leichengräber soll Sie holen, Sie und die Ihren bis ins dritte Glied... Unhold!»

Nach der ersten Verwirrung fing sich Hassan wieder:

«Aber Zahra Khanum, Sie haben nicht verstanden... mißverstehen Sie mich nicht. Ich schätze Soraya Khanum unendlich. Was glauben Sie denn?»

«Ich glaube, daß Sie ein nichtswürdiger Kerl sind! Mit diesem Gewand und dem Turban sollten Sie etwas würdevoller auftreten! Sie beschmutzen und entehren die Heilige Schrift, die sie bei sich tragen... Und jetzt hinaus mit Ihnen, und kommen Sie ja nie wieder!»

Von diesem Tag an war Hassan fest entschlossen, sich an Morteza Ramazanis Tochter zu rächen. Aber er wußte, daß es nicht leicht für ihn sein würde, solange Zahra der jungen Frau zur Seite stand.

2
Das Gerücht

Die tiefgreifenden Umwälzungen, die die Revolution mit
sich gebracht hatte, fanden – mit einiger Verspätung – auch
in Kuhpayeh ihr Echo. Zu dieser Zeit freundete sich
Ghorban-Ali, der seine Frau immer mehr vernachlässigte,
mit Nasrollah, dem Fahrer des Busses an, der einmal wöchentlich ins Dorf heraufgefahren kam. Nasrollah erzählte
ihm, was drunten im Tal geschah, berichtete ihm von der
Stadt mit ihren Geschäften und Cafés, von seinen Kumpels
und den leichten Mädchen, die man dort antraf, von dem
Geld, das sich dort verdienen ließ.

Fasziniert von diesen Erzählungen, beschloß Ghorban-
Ali eines Tages, Nasrollah in die Stadt zu begleiten. Anfangs fuhr er nur einmal im Monat mit hinunter und kehrte
mit dem nächsten Bus zurück. Später machte er alle vierzehn Tage die Fahrt mit dem kurzatmigen Vehikel, das
einige wenige Fahrgäste, ein paar Hühner, manchmal
einen Hammel, Gemüse und Postpakete beförderte. In
Kerman übernachtete Ghorban-Ali entweder bei Nasrollah oder auf dem Busbahnhof oder auch auf dem Fußboden eines Cafés, in dem er sich nützlich machte und Tee
und Sirup servierte.

In den Straßen der Stadt und in den Cafés tat sich ihm eine Welt auf, die ihn berauschte. Er erledigte Botengänge für diesen und jenen, überbrachte Botschaften, Briefe und Pakete, immer lächelnd und sich bei all jenen anbiedernd, die er für einflußreich hielt. Mit seinen bäuerlichen Manieren war es ihm indes verwehrt, sich den Männern zuzugesellen, denen er gleichen wollte.

Doch er machte sich mit seiner Ursprünglichkeit und seiner Unterwürfigkeit beliebt, und nach und nach veränderte er sich. Er verwendete Wörter, die oben in den Bergen nicht gebräuchlich und nur den Städtern bekannt waren. Er redete von Bankschecks, von Anleihen, Investitionen. Kurz gesagt, er erzählte überall, daß er Geschäfte mache, auch wenn niemand genau wußte, was für Geschäfte das waren.

Soraya sagte nichts dazu. Mehrmals hatte er mit der Polizei oder der Gendarmerie zu tun, denn die Briefe und Päckchen, die er beförderte, enthielten «verbotene Dinge». Mehr verriet Mashdi Ebrahim, der Bürgermeister, nicht, aber im Dorf hatte man bald begriffen, daß Sorayas Mann unter die Schieber gegangen war und daß es bei den Diensten, die er anderen leistete, auch um Hehlerei und Schmuggel ging.

Soraya stellte ihm keine Fragen und erwartete auch nicht, daß er ihr von seinen Aktivitäten erzählte.

Wieder einmal kamen die Gendarmen in einem Jeep ins Dorf heraufgefahren. Sie waren zu dritt, ein Sergeant und zwei Soldaten. Sie hatten eine lange Unterredung mit dem Bürgermeister, dann verhörten sie Ghorban-Ali und seinen Vater und fuhren wieder ab. Keiner erfuhr, worüber sie gesprochen hatten, aber Soraya war klar, daß es um Ghorban-Alis Bekanntschaften in der Stadt gegangen war.

Nach dieser öffentlichen Schande wurde Ghorban-Ali noch härter und gewalttätiger zu seiner Familie. Beim geringsten Ärger schlug er auf seine Frau oder auf das Kind ein, das sie gerade auf dem Arm hielt. Die Gendarmen hatten ihm erneut verboten, Kuhpayeh zu verlassen: «Wenn wir dich noch mal in der Stadt erwischen, dann verbringst du die Nacht im Knast.»

Jetzt hing er wieder auf den Dorfstraßen herum, arbeitete für diesen und jenen, streifte mit seinen alten Kumpels, die er seit Monaten vernachlässigt hatte, in den Bergen umher und wartete auf die Gelegenheit, wieder in die Stadt zu fahren. Er war auf den Geschmack gekommen, er fühlte sich wohl dort, während er in der Enge des kleinen Dorfes, in dem nie irgend etwas geschah, zu ersticken meinte.

In Kerman hatte er in kürzester Zeit vieles gelernt. Es faszinierte ihn, ins Café zu gehen, stundenlang auf dem Trottoir zu sitzen und die Leute und Autos zu beobachten. Hunderte, Tausende von unbekannten Menschen gingen an ihm vorbei, rempelten ihn an, gingen ihren Geschäften nach; und er wartete darauf, daß man ihn rief und ihm irgendeinen mehr oder weniger zwielichtigen Auftrag erteilte. Er stand zur Verfügung, die Leute wußten, wo sie ihn finden konnten.

Je mehr er vor seinen Freunden im Dorf in seinen Erinnerungen an die Stadt schwelgte, desto mehr brannte er darauf, wieder dorthin zurückzukehren. Er erzählte seinen Freunden auch, daß man ihm einmal als Lohn für eine Dienstleistung eine Prostituierte bezahlt hatte, und schilderte, wie er am Ende einer stillen kleinen Gasse in ein Haus geführt worden war, in dem sich mehrere junge Prostituierte befanden, die auf Männer warteten. Man suchte eine für ihn aus, und er nahm sie brutal, ohne mit der Frau, deren

Namen er nie erfuhr, auch nur ein Wort zu wechseln. Er nahm sich fest vor, bald wieder dorthin zu gehen.

Infolge der Revolution hatte es viele Tote gegeben, auch in Kerman und in der ganzen Provinz. Private Abrechnungen, lokale Rivalitäten, Exekutionen im Schnellverfahren, Säuberungsaktionen.

Erst im Herbst, gut acht Monate nach der Übernahme der Regierung durch den Imam Ayatollah Chomeini in Teheran, beschloß Ghorban-Ali, wieder einmal nach Kerman zu fahren. Er war vorsichtig und ließ sich statt auf dem riesigen Platz vor der Freitagsmoschee lieber schon an der Stadteinfahrt absetzen.

«Ghorban-Ali! Ghorban-Ali!»

Er fuhr zusammen, sah zur anderen Straßenseite hinüber und erkannte einen seiner alten Saufkumpane, dessen Namen er vergessen hatte.

«Komm mal rüber!»

Ghorban-Ali zögerte kurz, dann überquerte er die Straße. Die beiden Männer begrüßten sich, tauschten ein paar nichtssagende Sätze, dann verkündete der Städter:

«Guck mal, der Laden dort gehört jetzt mir, mir ganz allein. Früher habe ich darin für einen dreckigen Schah-Anhänger gearbeitet, der mehrere Läden in der Stadt besaß. Aber ich habe bei der Revolution mitgemacht und bin vom Imam dafür belohnt worden. Jetzt bin ich mein eigener Herr und verkaufe Obst, Gemüse, Getränke und Süßigkeiten.»

Ghorban-Ali war hingerissen.

«Was stehen wir hier herum, komm mit, ich lade dich ein zu einer Tasse Tee, dann können wir über geschäftliche Dinge reden. Ich bin sicher, daß ein junger Mann wie du viel Geld verdienen kann.»

Ghorban-Ali verbrachte drei Tage und drei Nächte bei Mansur, half ihm beim Wareneinkauf, beim Verkaufen, rief für ihn die Preise aus und räumte am Abend den Laden auf.

«Hör mal, hättest du keine Lust, für den Imam zu arbeiten?»

«Doch, das möchte ich gern, aber ich kenne hier doch niemanden.»

«Keine Sorge, ich kenne alle. Meine Freunde und ich werden dir helfen.»

Ghorban-Ali wurde einem Nachbarn vorgestellt, der ihn beim Assistenten des neuen Leiters der Polizeidienststelle des Viertels einführte, und so wurde er von einem Tag auf den anderen Gefängnisaufseher im städtischen Gefängnis, mit einem festen Gehalt. Er glaubte zu träumen.

Groß war seine Überraschung, als er erfuhr, daß der *Arbab*, der einige Wochen zuvor verhaftet worden war, in «seinem» Gefängnis einsaß.

Der Mann, der hinten in seiner Zelle kauerte, war nicht wiederzuerkennen. In seiner verzweifelten Lage scheute er kein Opfer und war bereit, Ghorban-Ali alles zu geben, was er von ihm verlangte, um seine Freiheit wiederzuerlangen.

Die Sache hatte nur einen Haken: Wie sollte Ghorban-Ali an die Güter herankommen? Sie waren weit weg, und der Besitzer saß im Gefängnis.

Er vertraute sich Mansur an, der zur Vorsicht riet.

«Wir sollten nichts überstürzen», meinte er. «Wenn wir zu rasch vorgehen, machen wir uns nur verdächtig. Du mußt geduldig sein.»

Nun, Geduld war nicht Ghorban-Alis stärkste Seite. Er hatte schon immer alles schnell haben wollen.

«Dein *Arbab* ist kein großer Fisch, er hat nichts Schlimmes verbrochen. Da gibt es andere, die vor ihm abgeurteilt werden, Männer, die sich Millionen unter den Nagel gerissen haben, das Volk hungern ließen und die halbe Stadt betrogen haben. Wir haben Dutzende davon hier drinnen und in zwei anderen Volksgefängnissen. Der Kerl mag für dich und deine Leute interessant sein, hier in der Stadt ist er es nicht. Lassen wir ihn eine Zeitlang schmoren. In ein paar Monaten wird er noch gefügiger sein.»

Mansur sollte recht behalten. Es gab laufend Prozesse und Exekutionen, doch der Name des *Arbab* stand noch auf keiner Liste. Im Lauf der Wochen magerte der Mann ab und verlor seinen Stolz. Er wußte, daß Ghorban-Ali sein Beschützer und Gewährsmann war, aber er wußte auch, daß er jeden Augenblick aus seiner Zelle gezerrt und vor Gericht gestellt werden konnte.

Monate später tauchte sein Name erstmals auf einer der Listen verdächtiger Personen auf, die abgeurteilt werden sollten. Eine Zeitlang konnten Mansur und sein Freund das Blatt mit seinem Namen zurückhalten. Ein andermal strichen sie ihn einfach aus. Doch nun hieß es schnell machen, um so mehr, als vor einigen Wochen ein fremder Mann in der Stadt aufgetaucht war, der bei Gericht, im Gefängnis und in den Komitees ein und aus zu gehen schien.

Er behauptete, aus Teheran zu kommen, den Imam zu kennen und in offiziellem Auftrag hier zu sein. Er wurde von allen Herr Lajevardi genannt und rühmte sich verwandtschaftlicher Beziehungen zu einem der höchsten Würdenträger des Regimes. Kurz gesagt, er spann seine Intrigen, und man mußte mißtrauisch sein. Es bedurfte Tausender Tricks, ebenso vieler Bücklinge und Schmeicheleien, bis sie ihn sich, wenn nicht zum Freund, so doch zum Komplizen gemacht hatten. Lajevardi hatte Verbindung zu einem Polizeikommissar des Viertels, der seinerseits einen Vetter hatte, der Mitglied des Sondergerichts war. Alle diese feinen Leute besaßen die zur Aktenfälschung erforderlichen Schlüssel, Kopfbögen und Amtsstempel. Nun war es ein Kinderspiel, die Schenkungen, die der *Arbab* seinen Kerkermeistern und namentlich Ghorban-Ali gemacht hatte, ganz offiziell zu beglaubigen.

Als der Prozeßtag kam, trat der Grundbesitzer beruhigt vor seine Richter. Im Gerichtssaal hatte er seine «Wohltäter» erkannt. Doch als er den Urteilsspruch vernahm: «Im Namen Allahs verurteilen wir dich zum Tod durch den Strang noch vor Ende dieses Tages», fiel er in Ohnmacht.

Das Vermögen des Gehenkten wurde unter den Komplizen aufgeteilt, und Ghorban-Ali bekam den bescheidensten Teil: das Haus, in dem er wohnte, das seiner Eltern, ein Stück Land, freien Zugang zum Flußwasser, zehntausend Rial in bar und das Auto. Nun hatte er das Gefühl, jemand zu sein. Man grüßte ihn, man bot ihm Tee und Trauben an, wenn er durch die Straßen von Kerman ging, man suchte seine Gesellschaft. Dafür gab es andere, die ihn hinfort mieden. Ihm machte es nichts aus, für ein angemessenes Salär im Gefängnis zu arbeiten, zu schlafen und zu essen, für manche Leute jedoch war das ein Grund, ihm aus dem Weg zu gehen. Er konnte den Inhaftierten helfen, aber er konnte je nach Laune auch einsperren, wen er wollte.

Seine kleinen Schiebereien betrieb er weiterhin, wobei er seine Vorgesetzten ausnützte, sie manchmal sogar betrog. Er lernte Auto fahren, war ein gerngesehener Gast im Bordell, kurzum, er war im Viertel der Freitagsmoschee ein bekannter Mann.

Und natürlich spielte er sich als großer Herr auf, als er

nach Kuhpayeh zurückkehrte, um mit seinen Heldentaten zu prahlen und von seinen Geschäften zu erzählen. Jeder im Dorf war Besitzer des Hauses geworden, das er bewohnte, die angrenzenden Felder gehörten nun der Gemeinschaft, und Wasser gab es umsonst.

Droben in den Bergen erzählte Ghorban-Ali, er sei Gefängnisdirektor. Tatsächlich besaß er die Schlüssel zu sämtlichen Zellen und zu den Büroräumen. Da er sich auch mit den Siegeln und amtlichen Formularen gut auskannte, war er sogar in der Lage, Gefangene heimlich freizulassen, gegen bare Münze natürlich.

Fast jeder in der Stadt hatte einen Angehörigen hinter Gittern und nahm irgendwann einmal Ghorban-Alis Dienste in Anspruch. Dieser hatte ein Bankkonto eröffnet, das rasch anschwoll. Er hatte sich einen großen Panzerschrank gemietet, in dem er die von den Häftlingen hinterlegten Schlüssel, Bankpapiere, Eigentumsurkunden, Versicherungs- und Wertpapiere, Juwelen und vieles mehr stapelte.

Dann verliebte sich Ghorban-Ali.

Zum erstenmal in seinem Leben liebte er eine Frau. Aber nicht irgendeine Frau. Keine vom Land und auch keine Händlerin und auch nicht die Jüngste der Mädchen im Bordell, die seine Gunst genoß.

Die Frau, in die er sich verliebt hatte, war ihm aufgefallen, als sie ins Gefängnis kam, um ihren Vater zu besuchen. Sie war schön, mit einem blassen Gesicht unter dem Tschador, grünen Augen und feingeschnittenen Lippen. Sie gefiel ihm auf den ersten Blick. Wie aber sollte er mit ihr ins Gespräch kommen? Wie alt mochte sie sein? Vierzehn, fünfzehn, vielleicht auch älter. Zweimal in der Woche stellte sie sich mit anderen Frauen und Töchtern von

Gefangenen in die Schlange vor dem Haupteingang des Gefängnisses und wartete stundenlang.

Er zog umgehend Erkundigungen ein und erfuhr, daß ihr Vater Arzt war, daß er viele wohlhabende Patienten in der Stadt hatte und keinen Hehl aus seiner monarchistischen Gesinnung machte. Da er eine prominente Persönlichkeit war und man seine Fachkenntnisse brauchte, hatten ihn die Revolutionsbehörden eine Zeitlang in Ruhe gelassen.

Eines Tages jedoch kam aus der Hauptstadt der Befehl, ihn zu verhaften, und so kam es, daß Ghorban-Ali die Bekanntschaft seiner Tochter Mehri machte.

Jeden Abend, wenn er schlafen ging oder die Mädchen im Freudenhaus in der Avenue Darvazeh Zahedan besuchte, dachte er an sie. Er stellte sich vor, sie läge in seinen Armen und er liebkose sie, spräche mit ihr und atme ihr Parfum ein. Mit einer solchen Ehefrau, so sagte er sich, würde man mir bestimmt ein wichtigeres Amt im Gefängnis geben, warum nicht gar den Posten des Direktors?

Er verstand nicht mehr, wie er so viele Jahre in Kuhpayeh hatte verbringen können. Er schämte sich sogar, seinen Kollegen zu sagen, daß sein Vater Hirte war. Lieber erzählte er, er sei Geschäftsmann und besäße obendrein eine Viehherde. Und das stimmte auch, denn seit dem Tod des *Arbab* waren dessen Güter unter alle Dorfbewohner aufgeteilt worden, und Ghorban-Alis Vater Lotfollah hatte einen kleinen Laden und einige Stück Vieh geerbt.

Auch Soraya, diese stille, resignierte, früh gealterte Frau, der er nichts vorwerfen konnte, war Ghorban-Ali unerträglich geworden.

Er hatte sie demütigen wollen, indem er seinen Jugendfreunden von seinen Heldentaten in der Stadt berichtete, er hatte sie ärgern und neidisch machen wollen, als er ihr erzählte, daß er Auto fahre, und ihr die schönen jungen Mädchen in der Stadt schilderte, die sich elegant kleideten und mit Rosenduft parfümierten. Aber Soraya sagte nichts dazu und schien gar nicht hinzuhören. Eines Abends sagte er:

«Möglicherweise heirate ich noch einmal und werde weitere Kinder haben. Dann will ich, daß sie in die Schule gehen, in die allerbeste. Ich weiß schon eine in Kerman.»

Noch immer zeigte die junge Frau, die bei Kerzenlicht Strümpfe flickte, keine Reaktion.

«Wie ist sie denn, diese Frau, Vater?» fragte Hossein-Ali, der Älteste. «Erzähl uns von ihr!»

Ghorban-Ali sah zu seiner immer noch über ihre Arbeit gebeugten Frau, zog an seiner Wasserpfeife und begann:

«Sie ist jung, sie ist wunderschön, sie ist gebildet. Ihr Vater ist Arzt. Wir gefallen uns.»

«Hast du schon mit ihr gesprochen?»

«Schon oft. Immer wenn sie ins Gefängnis kommt. Ich lasse sie nicht warten, die Warteschlange ist zu lang. Dafür ist sie mir dankbar.»

Das war gelogen, denn er hatte sie noch nie angesprochen, aber was tat er nicht, um Soraya zu provozieren! Er wollte sie mit allen Mitteln dazu bringen, einen Fehler zu machen.

So kam er eines Tages in seinem Auto ins Dorf heraufgefahren, in Begleitung einer Frau aus der Stadt, die er im Bordell ausgesucht und mit einer Sonnenbrille ausgestattet hatte. Um auch wirklich gesehen zu werden, fuhr er dreimal um den Dorfplatz herum, hielt am Brunnen an, begrüßte ein paar Bekannte und fuhr in einer großen Staubwolke wieder davon. Keiner wagte, etwas dazu zu sagen, denn die Dorfbewohner glaubten, Ghorban-Ali habe drunten im Tal politische Beziehungen, und fürchteten, er könne der Dorfgemeinschaft eines Tages Schaden zufügen. Man war nach wie vor der Meinung, daß er ein Taugenichts war, und mißtraute ihm zutiefst.

Vor allem Scheich Hassan, der erst vor kurzem im Dorf aufgetaucht war, fürchtete den unberechenbaren Gefängniswärter, der ihm jederzeit gefährlich werden konnte. Der Mullah hatte nach einer Zusammenkunft mit einem islamischen Richter, von dem seither jede Spur fehlte, unter noch ungeklärten Umständen aus Kerman verschwinden müssen.

Da war es besser, sich mit Ghorban-Ali gutzustellen.

Im Winter starb Sorayas Jugendfreundin Firuzeh an Lungenentzündung. Sie hinterließ zwei Kinder und ihren Mann Hashem, der ein Vetter von Ghorban-Ali war, Schmied von Beruf, fleißig und solide. Wie schon sein Vater reparierte Hashem alles im Dorf: Karren, Fahrräder, Hacken, Küchengeräte, Zugwinden, Samowars.

Da die Verstorbene ihre Freundin gewesen war und der Witwer allein nicht zurechtkam, beschloß Soraya, ihm zu helfen. Firuzeh hatte ihren Haushalt sehr gut geführt; alles war sauber und ordentlich aufgeräumt. Doch der junge Mann, der seine Mutter schon sehr früh verloren und keine Schwester hatte, war unfähig, zu kochen, einzukaufen und sich um die Kinder zu kümmern.

Soraya stellte sich zur Verfügung. Man kam überein, daß sie zweimal täglich zu Hashem gehen sollte, um ihm bei der Hausarbeit zu helfen.

Auf eine solche Gelegenheit hatte Ghorban-Ali, der sie loswerden wollte, nur gewartet. Immer wenn er ins Dorf kam, folgte er ihr, spionierte ihr nach, belauerte sie und wartete geduldig, daß sie in die Falle tappte, die er ihr gestellt hatte.

Nicht ahnend, daß ihre Tage gezählt waren, ging die junge Frau weiter bei dem Witwer ein und aus, um seine Kinder zu versorgen, ohne dabei jedoch ihren eigenen Haushalt und ihre eigene Familie zu vernachlässigen.

Allmählich begannen im Dorf böse Gerüchte über Soraya umzugehen.

3

Das Komplott

Während sich Scheich Hassan gemächlichen Schrittes
zum Haus des Kadkhoda, des Bürgermeisters, begab, ließ
er in Gedanken die letzten Jahre Revue passieren, die seinem Leben eine neue Wendung gegeben hatten. Alles war
so schnell gekommen, ganz unerwartet...

Nachdem der Schah das Land verlassen hatte, hatten
sich die Ereignisse überstürzt. Die Masse hatte die Macht
ergriffen, und binnen einer Nacht hatten sich sämtliche
Gefängnisse geleert. Von Rachgier und Freiheitsdrang erfüllt, war die Menschenmenge – außer Rand und Band –
durch die breiten Straßen der Hauptstadt geströmt. In dem
allgemeinen Durcheinander hatten sich die Gassenjungen
aus den südlichen Stadtvierteln in den Norden der Stadt
aufgemacht, wo die schönen Villen, die vornehmen Hotels
und die besten Restaurants standen.

Im Militärgefängnis Baghe Shah, in dem er einsaß, hörte
Hassan Lajevardi das Gejohle der Menge und den Lärm
der Straßenkämpfe. Plötzlich wurde das Gefängnis umzin-
gelt und erstürmt. Von seinem Zellenfenster aus sah Lajevardi die Leichen von zwei Soldaten, die stundenlang im
Park lagen, zwei dunkle Flecken im Schnee.

Dann hörte man das Geräusch eines Schlüssels, der im Schloß umgedreht wurde, das Knarren der Türangeln, Stiefelgetrampel. Drei mit Maschinenpistolen bewaffnete Kerle traten in die Zelle.

«Wie viele seid ihr hier drinnen?» blaffte eine rauhe Stimme.

«Fünf», antwortete einer der Gefangenen.

«In einer Reihe aufstellen, ein bißchen schneller...» brüllte der gleiche Mann.

Er kam drei Schritte näher und sah die Häftlinge abschätzig an.

«Wer von euch kann lesen und schreiben?»

Nur drei hoben die Hand.

«Wer hat einen Schulabschluß? Ist ein Akademiker unter euch?»

Hassan Lajevardi meldete sich.

«Was ist, Alter, bist du Professor?»

«Nein.»

«Nein, mein Herr, heißt das», erwiderte der Mann und hob seine Waffe ein paar Zentimeter höher.

«Nein, mein Herr, aber ich habe ein Abschlußzeugnis. Und ich habe ein wenig unterrichtet.»

«Sprichst du eine Fremdsprache?»

«Türkisch und ein bißchen Arabisch. Und Englischkenntnisse habe ich auch.»

«Wie alt bist du?»

«Dreiundfünfzig, mein Herr.»

Der Mann mit der MP trat noch einen Schritt näher und blieb dicht vor Hassan stehen.

«Und was tust du hier drinnen? Bist du von der *Savak*?»

«Nein, ich bin irrtümlich hier, ich schwöre es.»

Der Mann brach in Gelächter aus.

«Das sagt ihr alle, feige Faschistenbande, die ihr seid. Ich werde mir gleich deine Akte ansehen. Wehe, wenn du gelogen hast!»

Damit rammte er Hassan den Gewehrkolben ins Kreuz und stieß ihn auf den Gang hinaus. Bald darauf befand sich Hassan mit anderen Gefangenen in einem großen, von Neonlicht erhellten Saal.

«Setzt euch und seid still!» brüllte eine Stimme.

Den ganzen Vormittag hindurch wurden Namen aufgerufen, Personen verhört und verprügelt, wenn ihre Antworten nicht zufriedenstellend ausfielen, und wieder in ihre Zellen zurückgebracht. Schließlich kam Hassan an die Reihe. Er fühlte sich müde; seit dem Abend hatte er nichts mehr gegessen.

«Lajevardi... Hassan Lajevardi!»

«Das bin ich, mein Herr», antwortete er, während er aufstand und auf das Podium zuschritt, auf dem sich drei bewaffnete Männer befanden, die Kampfanzüge trugen und ein Palästinensertuch um den Hals gebunden hatten.

«Akte 7865/58. Betrug, Fälschung und Gebrauch falscher Urkunden, betrügerischer Bankrott, Ausstellung ungedeckter Schecks, Widerstand gegen Amtspersonen, Erregung öffentlichen Ärgernisses...»

Die drei Richter sahen sich an.

«Nicht schlecht für *einen* Mann. Hast du das alles allein angestellt?»

«Ich schwöre Ihnen, meine Herren, ich habe das alles überhaupt nicht getan, das habe ich dem anderen Richter auch gesagt, aber er wollte mir nicht glauben.»

«Seit wann bist du hier?»

«Hier in Baghe Shah seit zehn Tagen, aber zuvor war ich schon sieben Monate lang im Gefängnis von Ghasr.»

«Dann war es also ein Richter des gestürzten Schahs, der dich schuldig gesprochen hat?»

«Ja, mein Herr.»

«Wieso sollten wir dir glauben?»

«Weil es in meiner Akte steht. Ich habe sie selbst unterschrieben und datiert.»

Die drei Richter tuschelten miteinander, dann fragte der mittlere:

«Willst du für uns arbeiten?»

«Wie das?» wunderte sich Hassan.

«Willst du für die neue Republik arbeiten, die wir gerade errichten, und uns helfen, die Schah-Anhänger in ihren Verstecken aufzustöbern?»

«Aber natürlich... gewiß... in meiner Zelle gibt es auch zwei davon... vielleicht sogar drei!»

Und so begann die neue Karriere von Hassan Lajevardi, eine Blitzkarriere: Er wurde Schreiber, Dolmetscher, Spion, Informant im Dienst der neuen Staatspolizei, Assistent des Scharfrichters, Sprecher des Generalstaatsanwalts der Revolution und schließlich Vertreter des Imam in einem Dorf im Norden Irans. Und alles innerhalb von zwei Jahren.

Es gelang Hassan, ihn belastende Akten – er war wegen Unterschlagung und anderer kleinerer Delikte mehrfach verurteilt – verschwinden zu lassen und sich wieder eine reine Weste zu verschaffen. Er beseitigte alle Spuren seiner Vergangenheit, behielt jedoch seine alte Identität bei. Seine äußere Erscheinung war völlig verwandelt: Er trug einen Turban auf dem Kopf, eine lange Soutane, einen leichten Umhang um die Schultern, *Guivehs* (Stoffschuhe) an den Füßen. In der Hand hielt er den Koran und die Gebetsschnur. Ein gepflegter Bart und eine getönte Brille auf der Nase gaben ihm ein gelehrtes, intellektuelles Aussehen.

War Hassan bisher ein eingefleischter Junggeselle gewesen, so fand er jetzt, daß er sich verheiraten sollte. Dabei wollte er hoch hinaus, und sein neuer gesellschaftlicher Status erlaubte ihm das auch. Seine Wahl fiel auf eine reiche junge Witwe, die ein großes Haus am Kaspischen Meer und ausgedehnte Reis- und Teepflanzungen besaß. Er ließ sich von ihr einen Wagen mit Chauffeur, elegante geistliche Gewänder, einen kunstvoll gestalteten Koran und Juwelen schenken. Dieses Wohlleben hätte lange fortdauern können, wäre nicht ein schiitischer Würdenträger in das Städtchen gekommen, um dem Kollegen einen Besuch abzustatten. Wie groß war die Überraschung des Reisenden, als er sah, daß Hassan sich mit einem Prunk und Komfort umgeben hatte, die mit den religiösen Grundsätzen der Revolution kaum zu vereinbaren waren. In dem weitläufigen Haus lebte er als einziger Mann nicht nur mit seiner Frau, sondern auch mit seinen beiden Schwiegertöchtern, seiner Schwiegermutter, zwei Dienerinnen und einer Nachbarin, die sich um den Garten kümmerte.

Als der Geistliche eintrat, fläzte sich Hassan gerade in einer Hängematte. Zwei junge Mädchen fächelten ihm mit Palmwedeln Luft zu. Der Ton zwischen den beiden Männern war bald sehr scharf, und einen Monat später wurde der Vertreter des Imam in dem kleinen Städtchen abgesetzt und sein Besitz beschlagnahmt. Unter dem Vorwand, sich in die nahe Stadt zu begeben, verließ er eines Morgens den Ort. In Wirklichkeit hatte er gerade seine Ehefrau bestohlen und ihr dafür die Freiheit wiedergegeben. Ringe, Halsketten, Armbänder, Anhänger, Ohrringe und Bargeld, alles hatte er hastig in eine Tasche gestopft und war unbehelligt auf den Autobus nach Chalus aufgesprungen.

Hassan Lajevardi hatte eine perverse sexuelle Veranlagung. Da die Polizei entdeckt hatte, daß er sich sehr für die kleinen Jungen und Mädchen seiner Klasse interessierte, war er bereits von verschiedenen Schulen verwiesen und schließlich ganz aus dem Schuldienst entlassen worden. Danach hatte er sich irgendwie durchgeschlagen und war einige Monate vor der Revolution inhaftiert worden.

Nach dem zweijährigen Aufenthalt am Kaspischen Meer machte er sich nun in südlicher Richtung davon, wobei er die heilige Stadt Ghom mied.

Er kam nach Jasd, wo er zwei Jahre lang blieb. Die ehemals zoroastrische, später zum Islam bekehrte, am Rande der Wüste gelegene Stadt war als Handelsknotenpunkt genau der richtige Ort für jemanden, der untertauchen mußte.

Eine Zeitlang war Hassan Faktotum in der dortigen Moschee, dann Führer im Chamseddine-Mausoleum, bis er wiederum eine Witwe heiratete, deren Mann wegen Kollaboration mit dem alten Regime hingerichtet worden war.

In der frommen und sehr belebten Stadt Jasd zog er es vor, nicht als Geistlicher aufzutreten, und ließ sich von seiner neuen Frau Anzüge und Schuhe schenken. Alles wäre gutgegangen, wenn ihn nicht eines Morgens ein ehemaliger Mitgefangener aus dem Gefängnis in Ghasr erkannt hätte, mit dem er mehrere Monate lang eine Zelle geteilt hatte.

In Provinzstädten wie Jasd bleibt nichts verborgen, und noch bevor der Tag zu Ende war, wußte das ganze Viertel, daß sich die beiden Männer im Gefängnis kennengelernt

42

hatten, daß sie wegen Betrugs inhaftiert gewesen waren und nur infolge der Revolution ihre Freiheit wiedererlangt hatten.

Erneut geschieden – und bereichert durch kleinere Diebstähle im Schrank seiner Frau –, machte sich Hassan ohne festes Ziel wieder auf den Weg gen Süden, mit einem Koffer, der seine Anzüge und Schuhe, seinen Koran und einige Juwelen enthielt.

So gelangte er eines Abends nach Kerman und nahm dort Quartier. Wieder arbeitete er eine Weile als Fremdenführer, diesmal im Qobé-je Ssabs, dem «Grünen Dom», und in der Pahmenar-Moschee, bevor er eine einträglichere Arbeit als Grundschullehrer in der Saadat-Schule im Ostteil der Stadt fand. Er unterrichtete seine Schüler in der Heiligen Schrift, dem Leben des Propheten und seiner Familie. Er fühlte sich «berufen». Da er Arabischkenntnisse besaß, lernte er sämtliche Koran-Suren eine nach der anderen auswendig, verschlang gierig die neue islamische Presse und hörte sich die vom iranischen Rundfunk ausgestrahlten Predigten an.

Er entdeckte, daß jedermann Mullah werden konnte, sofern er nur Frömmigkeit, Nächstenliebe und Uneigennützigkeit an den Tag legte. Er schloß Freundschaft mit einigen Geistlichen, las die Werke, die der Imam Chomeini im Exil verfaßt hatte, und übernahm die ihm bis dahin fremde Ausdrucksweise der Religiösen. Er blieb zwar Laie, fühlte sich aber unwiderstehlich zum Beruf eines Stellvertreters des Propheten hingezogen.

Zu dieser Zeit wohnte er bei Privatleuten, die ihm ein Zimmer vermietet hatten. Er nahm an den Mahlzeiten der Familie teil und gab dem ältesten Sohn seiner Gastgeber Privatunterricht in Geschichte und Geographie. Sein hoher Wuchs, sein graues Haar, sein eleganter Bart und die Brille gaben ihm das gewünschte seriöse Aussehen. Doch hinter seinen dunklen Brillengläsern blickte er wachsam und lauernd um sich wie ein Raubvogel.

Fernab der Hauptstadt mit ihren Revolutionstribunalen lebte er in den Tag hinein, stets bemüht, sich in der Gemeinde und beim Prediger des Freitagsgesprächs, die er regelmäßig aufsuchte, lieb Kind zu machen.

Die Moschee war zum Mittelpunkt des geschäftlichen und politischen Lebens der Stadt geworden. Ob man eine Eingabe bei der Verwaltung machen oder eine Hypothek auf ein Grundstück aufnehmen oder sich auf die schnelle Art scheiden lassen wollte, alles wurde zu bestimmten Zeiten am großen Wasserbecken der Moschee zwischen Gebet und Predigt geregelt. Hier wurde gekauft und verkauft, gemietet und vermietet.

Bei der vierten Tasse Tee, wenn ein mit Geldscheinen gefüllter Umschlag heimlich den Besitzer gewechselt und in den weiten Ärmeln eines geistlichen Gewands auf Nimmerwiedersehen verschwunden war, fand man schließlich ein offenes Ohr.

In Unterwürfigkeit und im Taktieren hatte Hassan sich von jeher geübt. Diese Fähigkeiten hatte er schon bei den Rektoren der Schulen, in denen er unterrichtete, bei den Machthabern des alten Regimes und schließlich bei seinen Kerkermeistern zur Anwendung gebracht. Und die Kunst der Liebedienerei beherrschte er wie kein anderer.

Nach und nach wurde er eine Vertrauensperson, die für andere bestimmte Geschäfte abwickelte und auch selbst Entscheidungen traf. Einfache Leute baten ihn, für sie bei den Behörden oder bei der geistlichen Hierarchie vorzusprechen. So kam er zu seinen ersten Einnahmen als Vermittler, und er verstand es, sich bald unentbehrlich zu machen. Der schönste Lohn, den er erhielt, war für ihn eine Einladung zum Abendessen beim Vorsteher der Moschee.

Schon bald wurden die Beträge, die er für seine Vermittlungsdienste erhielt, größer, wenn sie auch noch weit unter dem lagen, was die einflußreichen Männer bekamen, die in der Moschee oder im Palast des Gouverneurs verkehrten. Doch Hassan wußte sich zu bescheiden. Mißtrauisch, wie es viele Leute aus dem Volk sind, die Stufe um Stufe die soziale Leiter erklimmen, hatte er kein Vertrauen zu den Banken, sondern trug sein Geld lieber mit sich herum. Wurde der Packen Geldscheine zu dick, dann wechselte er ihn in Goldstücke um. Für wenig Geld hatte er sich einen Gürtel mit mehreren, durch Druckknopf zu verschließenden Taschen anfertigen lassen, in die er seine Beute steckte. Von diesem neu erworbenen Attribut trennte er sich nie, nicht einmal im *Hammam* (Stadtbad) oder im Bett.

Als der aus Kerman gebürtige Parlamentspräsident, der starke Mann im Land, seinen ehemaligen Mitbürgern einen Besuch abstattete, ließ sich Hassan die Gelegenheit, sich hervorzutun, nicht entgehen.

Das Volksfest dauerte drei Tage, und als der Staatsmann am Abend vor seiner Abreise einige Honoratioren der Stadt, die sich um die Revolution und den Imam verdient gemacht hatten, zu sehen wünschte, war auch Hassan unter den etwa hundert zivilen und geistlichen Persönlichkeiten, die die Elite der Stadt darstellten, im getäfelten Saal der Präfektur anzutreffen.

Als der Parlamentspräsident in seine Nähe kam, stellte der Prediger des Freitagsgebets ihn als frommen, gerechten und redlichen Mann, als hervorragendes Mitglied der Gesellschaft und bemerkenswerten Pädagogen vor.

Der Präsident lächelte ihm zu und sagte:

«So ist es recht, nur weiter so, Sie sind ein Vorbild für die Jugend. Unsere Kinder brauchen Lehrer wie Sie.»

Hassan zerschmolz fast vor Dankbarkeit, verbeugte sich ehrerbietig und stammelte:

«Exzellenz... ich tue mein Bestes... Gott und unser geliebter Imam mögen mir dabei helfen...»

Als er sich wiederaufrichtete, war der Parlamentspräsident bereits verschwunden. Man hatte Fotos gemacht, und am nächsten Tag verschaffte sich Hassan davon ein Dutzend Abzüge. Wer weiß, wozu sie einmal gut sein mochten! Noch nie war er so glücklich gewesen.

Fortan gab es keine Versammlung oder Festveranstaltung in der Stadt, zu der Hassan nicht eingeladen worden wäre. Der Bürgermeister machte ihn sich zum Freund und übertrug ihm verantwortungsvolle Aufgaben. Wie aber sollte ein Betrüger, selbst ein reumütiger, nicht in Versuchung geraten, wenn man ihn über Briefpapier mit amtlichem Briefkopf, Stempel, einen Dienstwagen und einen Teil der städtischen Gelder verfügen ließ?

Eine Zeitlang widerstand Hassan der Versuchung, doch die Bittsteller, die ihn bedrängten und bereit waren, für jeden Dienst, den er ihnen erwies, zu bezahlen, besiegten schließlich seine neue und labile Integrität. Und so begann er mit erstaunlicher Unbekümmertheit Sondergenehmigungen und Privilegien zu verteilen.

Bis zu dem Tag, an dem er einen Fehler machte. Er stellte eine Baugenehmigung für ein ungenutztes Stück Land aus, auf das niemand Anspruch zu erheben schien und das er sich angeeignet und weiterverkauft hatte, und kassierte dafür eine erkleckliche Summe.

Einige Tage später teilte ihm der Sekretär des Bürgermeisteramtes mit, daß das vermeintlich herrenlose Grundstück seinen Schwiegereltern gehörte.

«Du hast etwas verkauft, das dir gar nicht gehört!»

«Dieses verlassene Grundstück hat man mir letzten Monat verkauft, und ich habe es gleich darauf an seinen jetzigen Besitzer weiterverkauft.»

«Die Papiere sind alle gefälscht. Du hast sie selbst ausgefertigt!»

Die Ermittlungen dauerten nicht lange, und es gab einen ungeheuren Skandal. Hassan wurde auf der Stelle festgenommen und ins Gefängnis geworfen. Zwei Wochen lang kümmerte man sich nicht um ihn, bis ihn der islamische Bezirksstaatsanwalt in sein Büro holen ließ.

«Du hast den Staat beraubt, Gott betrogen, die Revolution verraten. Nur darauf war in den vergangenen Jahren dein Sinnen und Trachten gerichtet. Du hast versucht, deine elende Vergangenheit auszulöschen, aber meine Informationsdienste haben alles rekonstruieren können. Das Volk leidet und bezahlt mit seinem Blut für die Verteidigung unseres Landes gegen den ungläubigen Eindringling, und du hast nichts anderes im Sinn, als dich auf Kosten deiner Glaubensbrüder zu bereichern. Du verdienst nicht einmal die Kugel, die dich töten wird.»

Hassan Lajevardi senkte feige den Kopf.

«Du hast nichts zu antworten? Du gestehst deine Schuld?»

«Ja, ich gestehe meine Schuld. Ich habe nichts zu sagen...»

Eine lastende Stille breitete sich aus. Hassan sah, wie der Staatsanwalt nervös in der Akte blätterte, ein paar Zeilen las, den Kopf hob und sich erneut in die vor ihm liegenden Blätter vertiefte.

«Hast du immer noch nichts zu deiner Verteidigung zu sagen?»

«Nein, Herr Staatsanwalt, ich habe nichts zu sagen, ich kann Sie nur um Gnade anflehen...»

Der Mann fixierte ihn. Sein schwarzer Turban schien nur dank der zwei riesigen abstehenden Ohren auf dem Kopf zu halten. Er war wohl kaum dreißig Jahre alt, nahezu bartlos und sah aus wie die Haremswächter auf alten Miniaturen.

«Könntest du mir nicht einen Vorschlag machen, hättest du nicht irgend etwas zu bieten, womit du meine Gnade gewinnen kannst?»

Hassan hatte schon vermutet, daß es darauf hinauslaufen würde. Er hatte diese Frage erwartet und hielt seit zwei Wochen eine Antwort parat.

«Ich besitze nicht viel, aber das wenige, was ich habe, kann ich der Revolution und Ihrer Behörde zur Verfügung stellen.»

«Und auf wieviel beläuft sich deine Spende?»

«Ich habe mir mit meiner Arbeit als Lehrer ein paar Goldstücke verdient, seit ich hier in der Stadt bin. Viel ist es nicht, aber für die Sache unseres Volkes will ich mich gern davon trennen und stolz darauf sein.»

Der Staatsanwalt klopfte mit dem Bleistift auf die Akte. Ein leichtes Lächeln erschien auf seinen Lippen.

«Wo ist dieses Geld?»

«Etwas davon habe ich bei mir, der Rest liegt auf der Bank.»

«Zeig mir, was du bei dir hast.»

Bedächtig öffnete Hassan seinen Gürtel und holte zwölf Goldmünzen daraus hervor, die er auf den Tisch des Staatsanwalts legte. Der Mann zählte sie.

«Bist du sicher, daß dies alles ist, was du bei dir hast?»

«Ja, das ist alles... Sie können nachsehen.»

Dabei reichte er ihm den Gürtel.

«Ich glaube dir... Und wann könntest du mir den Rest aushändigen?»

«Wann Sie wünschen...»

Hassan hatte in den letzten Monaten so viele Goldstücke angesammelt, daß sein Gürtel zu schwer geworden war und er ihn hatte leeren müssen. Seinen Schatz hatte er unter einem Baum auf einem Grundstück am Stadtrand vergraben, das er erworben hatte.

«Es muß alles sehr diskret geschehen», meinte der Staatsanwalt. «Aber ich traue dir nicht recht. Wie sollen wir vorgehen?»

Der ehemalige Lehrer schlug vor, man solle ihn sein Kapital auf der Bank abheben lassen, er würde es dann an einem vorher vereinbarten Ort übergeben.

«Und welchen Ort hast du ausersehen?»

Hassan kam auf seinen kleinen Garten draußen vor der Stadt zu sprechen, wo zumal bei Nacht nie jemand vorbeikäme. Der Mann zögerte einen Augenblick und willigte dann ein.

«Versuche nicht, mich zu täuschen. Ich werde dich draußen die ganze Zeit beschatten lassen. Komm ja nicht auf die Idee abzuhauen.»

Hassan hatte längst eine Filiale der Nationalbank mitten in der Stadt ins Auge gefaßt, die für die Angelegenheit geeignet war. Man kam überein, daß er seine Gelder gegen Mittag abheben und daß die Übergabe noch am selben Abend in besagtem Garten stattfinden solle.

In die Bank zu gehen und eine halbe Stunde später mit einem in Zeitungspapier verpackten und verschnürten

Paket wieder herauszukommen, war für den Betrüger, der bemerkt hatte, daß ihm jemand folgte, ein Kinderspiel.

Dann tauchte er in der Menge unter, ging zu seinem Garten und wartete in aller Ruhe das Ende des Tages ab.

Gegen neun Uhr abends näherte sich ein Auto. Das Fahrzeug kam durch das verrostete Gittertor hereingefahren, das alsbald wieder verschlossen wurde. Es war ein stilles, von hohen Mauern umschlossenes Fleckchen. In einer kleinen Hütte in einer Ecke waren Gartenmöbel und Arbeitsgeräte untergestellt.

Der Staatsanwalt war allein gekommen. Hassan hatte es sich gedacht. Eine so hohe Summe teilt man nicht mit jemand anderem...

«Hübsch ist es hier, sehr erholsam... Wann hast du das Grundstück gekauft?»

«Vor nicht langer Zeit. Wenn die Hitze in der Stadt zu groß ist und ich müde bin, komme ich manchmal mit Freunden her. Ich habe kein eigenes Auto, aber es hat mir nie etwas ausgemacht, zu Fuß zu gehen.»

Der islamische Staatsanwalt wollte die Sache schnell zu Ende bringen.

«Ich hab es sehr eilig. Können wir rasch unsere Angelegenheit regeln?»

«Aber sicher, Herr Staatsanwalt. Hier entlang, wenn Sie mir folgen möchten...»

Der Mann heftete sich an seine Fersen. Dann ging alles sehr schnell. Kaum hatte er die Hütte betreten, packte der Lehrer eine Hacke und schlug sie dem Staatsanwalt mit aller Kraft auf den Kopf. Kein Schrei, nicht einmal ein Stöhnen war zu hören, nur das Aufschlagen des Körpers auf dem Boden. Schon am Nachmittag hatte Hassan in der Hütte ein Loch ausgehoben, tief genug, um einen zusammengekrümmten Mann darin zu begraben. Mit sicherer Hand zog er ihm das geistliche Gewand aus, wobei er achtgab, es nicht noch mehr zu beflecken, und nahm die Brieftasche, die Uhr und die anderen persönlichen Gegenstände seines Opfers an sich. Er warf die Leiche in die Grube und streute ungelöschten Kalk darüber. Eine halbe Stunde später war das Loch zugeschüttet und die Stelle unter Möbeln und Gartengeräten verborgen.

Hassan sperrte die Tür mit einem Vorhängeschloß ab, verriegelte das Tor zu seinem Grundstück und fuhr mit ausgeschalteten Scheinwerfern etwa einen Kilometer nach Norden in Richtung Rawar. Auf einer Brücke stieg er aus und ließ das Auto dreißig Meter in die Tiefe stürzen, in die reißenden Fluten eines Flusses.

Beim ersten Morgengrauen stand er auf und beeilte sich, die Blutflecken aus dem Turban und den Kleidern des Staatsanwalts auszuwaschen. Von dem Bergvorsprung aus, wo er sich für die Nacht niedergelassen hatte, konnte er die ganze Umgebung überblicken, ohne selbst gesehen zu werden. Als die Kleider trocken waren, zog er sie an. Dann vergrub er seine eigenen Sachen und verbrannte schließlich die Papiere des Staatsanwalts, die ihn hätten belasten können.

Erst jetzt fragte er sich, was er nun tun sollte. Wohin konnte er gehen? Sicher war schon Alarm geschlagen worden. Er war aus dem Gefängnis verschwunden, und der Staatsanwalt war ebenfalls verschwunden. Man würde das Auto finden. Man würde die Bauern von Rawar, Darband, vielleicht auch noch von Neybandan am Rande der Wüste befragen. Dann fiel ihm ein Picknick-Ausflug mit dem Auto ein, zu dem ihn die Familie mitgenommen hatte, die ihn in Kerman beherbergt hatte. Die Straße führte an der anderen Seite des Berges entlang und durch tiefe Schluchten hinauf bis zum Fuß einer steilen Felswand. Doch das Wetter war plötzlich umgeschlagen, und sie hatten umkehren müssen, bevor sie Kuhpayeh, das Ziel ihres Ausflugs, erreicht hatten. Jetzt war er von diesem Dorf noch gute dreißig Kilometer entfernt, die er zu Fuß zurücklegen mußte. Er machte sich auf den Weg.

Zufällig fuhr kaum eine halbe Stunde später ein alter Autobus an ihm vorbei und hielt an. Der Fahrer beugte sich aus dem Fenster.

«Kommen Sie, heiliger Mann, soll ich Sie mitnehmen?»

Darauf war Hassan nicht gefaßt gewesen. Eine Ablehnung hätte verdächtig gewirkt.

«Ja, gern, ich komme mit... Was soll es kosten?»

«Gott braucht nicht zu bezahlen, der darf umsonst mitfahren!» scherzte der Fahrer.

Hassan ließ sich ganz hinten im Bus nieder. Acht Fahrgäste mit Körben und Bündeln saßen auf den anderen Bänken. Alle dösten vor sich hin, ohne auf ihn zu achten.

Eine halbe Stunde später machte das Vehikel in Kuhpayeh Endstation. Es war Markttag.

Die Nachricht von der Ankunft des Mullahs verbreitete sich wie ein Lauffeuer. Gewiß kam von Zeit zu Zeit ein Geistlicher ins Dorf, aber nur an hohen Festtagen. Wo mochte dieser da nur herkommen? Und wo blieb denn der Bürgermeister?

Der Sohn des Brunnengräbers rannte los, so schnell ihn seine Beine trugen, um nach ihm zu suchen.

«Mashdi Ebrahim! Mashdi Ebrahim!»

Er stürmte ins Bürgermeisteramt, wo er nur Shokrollah sah:

«Ist der Bürgermeister da?»

«Der ist hinten auf der Wiese.»

Der Junge fand den Bürgermeister, der neben dem Hirten im Gras saß und an seiner unvermeidlichen Pfeife saugte.

«Mashdi Ebrahim... Kommen Sie... Kommen Sie schnell!»

Der Alte hob den Kopf:

«Was ist denn los, Rahim, warum hast du's so eilig?»

«Kommen Sie schnell», rief das Kind und faßte den Bürgermeister an der Hand, um ihm aufzuhelfen. «Er ist da... er ist da!»

«Aber wer denn? Sag doch!»

«Der Mullah... Der Mullah... Er ist mit Nasrollah gekommen, im Bus.»

Ebrahim hatte alle Mühe, dem Jungen zu folgen. Als sie auf dem Platz ankamen, herrschte reges Treiben auf dem Markt, von einem Mullah aber war nichts zu sehen.

«Sag mal, Nasrollah, was ist das für eine Geschichte? Du hast einen Mullah mitgebracht?»

«Ja, Kadkhoda, ein Mullah ist in meinem Bus mitgefahren, aber sehr gesprächig war er nicht. Ich hab ihn nichts bezahlen lassen... Allah wird es mir eines Tages lohnen. Er ist dort hinübergegangen. Er hat gefragt, wer hier der Chef ist.»

Der Bürgermeister und der Junge machten kehrt und gingen zum Rathaus zurück. Als sie eintraten, sahen sie Hassan Lajevardi, der mit dem Rücken zu ihnen am Tisch saß und wartete, daß Shokrollah ihm Tee servierte.

«Salam alaikum», sagte Ebrahim.

Der Geistliche erwiderte seinen Gruß und fügte hinzu:

«Gott der Allmächtige möge Sie und Ihre Familie beschützen.»

Der Bürgermeister dankte ihm mit einer ehrerbietigen Verbeugung:

«Willkommen hier bei uns, heiliger Mann... das wenige, das wir haben, gehört Ihnen...»

Shokrolla schenkte ihm Tee ein und bot Gebäck und Obst an. Der Unbekannte schüttete den kochendheißen Tee in sich hinein und aß gierig. Seit dem Abend hatte er nichts zu sich genommen, und die Aufregungen hatten ihn hungrig gemacht. Als er gesättigt schien, stand er auf, wischte sich mit dem Handrücken den Mund ab und sagte:

«Ich heiße Hassan Lajevardi und reise im Auftrag des Imam durch das Land, um sein und Gottes Wort zu verkünden...»

Alle musterten den in stolzer Haltung vor ihnen stehenden Mann. Er trug eine Brille, die auf der Spitze einer langen Nase saß, einen prächtigen graumelierten Bart und den berühmten schwarzen Turban der *Seyyeds*, die direkte Nachfahren des Propheten sind. Sein etwas abgewetztes hellbraunes Gewand reichte ihm bis an die in Riemensandalen steckenden Füße.

Ebrahim, Shokrollah und der kleine Rahim murmelten im Chor:

«Ehre sei Allah und seinem Propheten... Ein langes Leben unserem verehrten Imam.»

«Ich komme aus Kerman, und vor Kerman bin ich in Yasd gewesen und davor in Ispahan und in unserer heiligen Stadt Ghom...»

«Eure Stadt ist diese hier, Hochwürden», sagte der Bürgermeister. «Wir leben bescheiden, aber wir sind ehrlich und fleißig. Sie werden hier alles bekommen, was Sie wünschen. Gott selbst hat Sie zu uns gesandt. Herzlich willkommen!»

«Ich bin Witwer, ich bin ganz allein, alles was ich will, ist ein wenig menschliche Wärme unter einfachen und guten Leuten.»

Nun aßen und tranken alle gemeinsam. Als die Teekanne leer war, brach Lajevardi die Stille:

«Drunten im Tal hat man mir viel Gutes über euch erzählt. Deshalb habe ich beschlossen, euch zu besuchen und eine Zeitlang hierzubleiben, bevor ich wieder meines Weges gehe. Leider wird mein Aufenthalt bei euch nur kurz sein...»

Mashdi Ebrahim fühlte sich durch den Besuch sehr geehrt. Er quartierte den Reisenden im schönsten Zimmer seines Rathauses ein, und noch am selben Abend wurde Hassan Lajevardi den Dorfbewohnern vorgestellt. Wegen seiner von allen bewunderten Gottesfürchtigkeit wurde er schnell in die Dorfgemeinschaft aufgenommen.

Schon bald stand der Bürgermeister ganz im Bann seines Gastes. Er suchte seine Gesellschaft, er hörte ihn gern von seinen Reisen erzählen, von seiner Pilgerfahrt nach Mekka und seinen Begegnungen mit dem Imam in der Hauptstadt.

Als eines Abends Ghorban-Ali ins Dorf kam und plötzlich dem Neuankömmling gegenüberstand, trat ein kurzes Schweigen ein, und nach den üblichen Höflichkeitsfloskeln wechselten die beiden Männer ein paar nichtssagende Worte. Nur ein sehr wachsames Auge hätte erraten können, daß sie sich kannten.

Wenig später willigte Ebrahim auf Ghorban-Alis Drängen ein, dem Geistlichen das Haus des *Arbab* zur Verfügung zu stellen. Zwei Frauen aus dem Dorf wurden in seine Dienste gestellt, und fortan war der Mann, der sich Scheich Hassan nennen ließ, zweifellos die wichtigste Persönlichkeit in Kuhpayeh.

Im Lauf der Monate gewann der falsche Geistliche großen Einfluß auf den Bürgermeister, der ihm bald vollständig zu Willen war.

Er gab seine Ratschläge auf schmeichelhafte, subtile Art und Weise und hielt sich dabei selbst stets im Hintergrund, so daß Mashdi Ebrahim die Früchte seiner Intrigen allein einzuheimsen schien.

Der Scheich indes schuf sich sehr rasch ein kleines Vermögen, denn er betätigte sich zugleich als Notar, Anwalt, Makler, Wucherer und natürlich als Schreiber und als heimlicher Berater in Gemeindeangelegenheiten.

Das Haus des *Arbab* war auf diese Weise zu einer Art Amtsgericht geworden, in dem der Mullah sowohl die Funktion des Anklägers wie auch des Verteidigers übernommen hatte. Und da jede Dienstleistung ihren Preis hatte, war Hassan bald Herr über einige Morgen Land, ein halbes Dutzend Stück Vieh, Geflügel, ein, zwei baufällige Häuser und, was das wichtigste war, über die Wiese am Fluß, der Kuhpayeh und das Tal mit Wasser versorgte.

Alles was er unternahm, tat er ganz legal mit dem Einverständnis des Bürgermeisters und seiner Stellvertreter. Zahra Khanum mochte Ebrahim noch so sehr warnen, daß dieser schreckliche Mann ein Scharlatan und Betrüger sei, er wollte nicht auf sie hören. Er entgegnete ihr immer nur, sie verstünde nichts von Geschäften und das ginge sie alles nichts an.

«Armer Ebrahim», sagte sie sich, «wenn er nur etwas scharfsichtiger wäre!»

Ebrahim war nur ein einziges Mal in seinem langen Leben aus dem Dorf herausgekommen. Zu arm, um eine Pilgerfahrt nach Mekka oder Kerbela zu machen, hatte er Rial um Rial angespart, um an seinem dreißigsten Geburtstag nach Meschhed fahren zu können. Die Expedition ans andere Ende des Landes hatte einen Monat gedauert, und als er zurückkehrte, war er ein anderer Mensch geworden. Man hätte meinen können, die Gnade Gottes sei über ihn gekommen.

Aus dem hitzigen Burschen war ein ruhiger und ausgeglichener Mann geworden. Der Herumtreiber, der für nichts Interesse zu haben schien, beschloß, eine Stunde täglich die Schule zu besuchen, um die Zahlen und das Alphabet zu lernen.

Seine Pilgerreise nach Meschhed berechtigte ihn dazu, den Titel *Mashdi* zu tragen, der ihm bei seinen Bürgern ein gewisses Ansehen verlieh.

Als oberster Richter eines Zweihundertfünfzig-Seelen-Dorfes besaß er große Macht. Er stand den Dorfbewohnern, die alle seine Freunde waren, von der Wiege bis zur Bahre zur Seite. Nicht ein einziges Mal hatte er für seine Arbeit einen Lohn gefordert, auch wenn er ein Huhn oder ein Kilo Reis als Gegengabe für das Einreichen eines Gesuchs oder für eine Vermittlertätigkeit nicht ablehnte. So war das Interesse am Geld, das Mashdi Ebrahim seit Hassans Ankunft an den Tag legte, für Zahra unbegreiflich.

Zuweilen saßen Ebrahim und der Mullah stundenlang hinter verschlossenen Türen im Haus des früheren Grundbesitzers. Niemand wußte, worüber sie sich unterhielten. Später schlossen sich ihnen dann Ghorban-Ali, der in Kerman einträgliche Geschäfte zu machen schien, und Hashem, der Witwer von Firuzeh, an.

Zahra, die im Nachbarhaus wohnte, hörte ihre lauten Stimmen, aber sie ahnte nicht, was für ein Komplott da geschmiedet wurde. Eines aber war für sie sicher: Unter der Regie von Hassan und mit dem unfreiwilligen Einverständnis des Bürgermeisters waren die vier Männer dabei, etwas Schlimmes auszuhecken. Am lautesten hörte sie die Stimme von Sorayas Mann und die des Mullahs.

Eines wunderte Zahra an der Sache: die Rolle von Mashdi Ebrahim. Er war ein Mann, der bisher nie große Bedürfnisse gehabt hatte. Das Haus, in dem er wohnte, war sein Eigentum, seine Kinder waren erwachsen und selbständig, und an eine zweite Heirat nach dem Tod seiner Frau hatte er nie gedacht. Da er stets sehr einfach gekleidet ging und auch sonst recht anspruchslos zu sein schien, war er mit seinen bescheidenen Einkünften immer gut ausgekommen.

Nun ging seit einiger Zeit das Gerücht um, Ghorban-Ali wolle ein blutjunges Mädchen heiraten, das noch keiner im Dorf zu Gesicht bekommen hatte. Soraya hatte zu ihrem Mann schon seit Jahren keine Beziehung mehr, und eine Scheidung hätte ihr nichts ausgemacht. Würde Ghorban-Ali jedoch seine Frau verstoßen, ohne ihr einen Fehltritt vorwerfen zu können, käme ihn die Trennung teuer zu stehen.

Aus diesen Überlegungen heraus wich die alte Frau von ihren Prinzipien ab und sprach den Bürgermeister eines Tages mit lauter Stimme, damit alle sie hören konnten, mitten auf dem Marktplatz an:

«Hör mal, Ebrahim, wenn du mit deiner Arbeit fertig bist, dann komm doch mal zu mir rüber... Beeil dich, ich warte auf dich...»

Noch nie hatte man gehört, daß Zahra Khanum einen der Dorfbewohner zu sich nach Hause einlud, zumal vor aller Augen und mit so großer Bestimmtheit. Der Bürgermeister blieb stehen, sah seine alte Freundin verwundert an und ging weiter.

«Vergiß es ja nicht! Ich erwarte dich!» rief Zahra ihm nach.

Am späten Nachmittag klopfte Ebrahim an Zahras Tür.

«Komm nur rein, die Tür ist offen... Das hat aber lange gedauert.»

Der Bürgermeister murmelte ein paar unverständliche Worte und setzte sich.

«Hast du erst Lajevardi um Erlaubnis bitten müssen, bevor du hergekommen bist? Hast du in deinem Dorf nichts mehr zu sagen?»

«Spionierst du mir etwa nach?»

«Warum sollte ich dir nachspionieren? Ich sehe dich ständig bei ihm ein- und ausgehen, da draußen vor meinem Fenster. Früher warst du mehr bei dir zu Hause oder im Rathaus oder auf deinen Feldern. Jetzt könnte man fast meinen, du wohnst bei dem Kerl dort!»

«Hast du immer noch deine spitze Zunge, Zahra, wirst du dich denn nie ändern?»

«Glaubst du, zwei alte Knochen wie du und ich können sich noch ändern? Dazu ist es zu spät, und gerade deswegen ärgert es mich so.»

«Was ärgert dich?»

«Daß ich in dir gar nicht mehr den Ebrahim erkennen kann, den jeder gern gehabt und respektiert hat. Seitdem dieser Kerl da ist, stehst du völlig unter seinem Einfluß. Von Ghorban-Ali und Hashem will ich nicht reden, die sind eher zu bedauern als zu tadeln. Aber du in deinem Alter, das ist nicht zu fassen.»

«Aber ich bin immer noch der alte, das weißt du doch.»

«Das glaubst du, dabei bist du völlig verändert, mein

armer Freund. Ich weiß nicht, was du bei diesem Menschen drüben machst, ich kann es mir nur denken. Aber eins laß dir gesagt sein, Mashdi Ebrahim, auch wenn du der Bürgermeister bist, werde ich nicht zulassen, daß ihr meiner armen Soraya etwas zuleide tut, denn um sie geht es doch, stimmt's? Jeder im Dorf weiß es!»

«Was weiß jeder im Dorf?»

«Daß ihr mit Ghorban-Ali etwas gegen Soraya im Schilde führt!»

Ruhig entgegnete Ebrahim:

«Es stimmt, daß Ghorban-Ali ein nettes junges Mädchen aus Kerman heiraten und in die Stadt ziehen will. Und es stimmt auch, daß seine Frau ihn nicht mehr befriedigt, und ich möchte sogar sagen, daß er ihr einiges vorzuwerfen hat. Sie ist ihm gegenüber nicht mehr so aufmerksam, sie kümmert sich wenig um die Kinder, sie kocht schlecht, und er findet auch, daß sie seit Firuzehs Tod ein wenig zu oft zu Hashem geht...»

Zahra schnitt ihm das Wort ab:

«Ebrahim Lahuti, schau mir in die Augen... Ist dir klar, was du eben gesagt hast? Schämst du dich nicht? Es gibt im ganzen Dorf keine bessere Mutter und Gattin als Soraya, das weißt du genau!»

«Wir finden alle, daß Soraya zu oft zu Hashem geht und zu lange dort bleibt.»

«Aber wir haben sie doch alle darum gebeten», empörte sich Zahra. «Keiner wollte diese Arbeit machen. Wir haben Soraya dazu bestimmt. Erinnerst du dich nicht? Ebrahim, sieh mir in die Augen: Erinnerst du dich? Das erste Mal hast du sie sogar selbst zu ihm begleitet.»

Der Alte senkte den Kopf und schwieg.

«Ich will wissen, was vorgeht!»

«Das sind Männerangelegenheiten, die Frauen nichts angehen. Du verstehst sowieso nichts davon.»

«Und du, was verstehst du von alledem? Ihr seid mir die Richtigen, Typen wie Hassan und Ghorban-Ali, ein angeblicher Mullah und ein Taugenichts, dazu ein Witwer und du...»

«Ich verbiete dir, so zu reden. Herr Lajevardi ist ein Mann Gottes, und als solchen hast du ihn zu achten. Ich habe ihm nichts vorzuwerfen und du ebensowenig. Er ist eine Zierde für unser Dorf.»

«Du weißt gut, daß du lügst, Ebrahim. Aber er hat dich schon so behext, daß du nicht mehr du selbst bist. Du bist nicht mehr mein Freund. Ich schäme mich für dich.»

Die alte Frau war aufgebracht, und nichts konnte sie mehr bremsen.

«Innerhalb von ein paar Monaten ist dir alles abhanden gekommen, was dich dazu berechtigt hat, unserer Gemeinde vorzustehen: dein Ansehen, deine Aufrichtigkeit, dein Mut, deine Unabhängigkeit und deine Güte... Sieh dich doch an, wenn du dich überhaupt noch in den Spiegel zu schauen traust. Schon seit einiger Zeit bist du nicht mehr der wirkliche Bürgermeister, und das ganze Dorf denkt darüber wie ich. Es macht uns alle traurig. Ich warne dich, Mashdi Ebrahim, denn ich bin die einzige hier, die so mit dir zu sprechen wagt: treib es nicht zu weit, ich werde mich dir in den Weg stellen, wie ich es schon oft getan habe... Du erinnerst dich doch, oder?»

Soraya hatte kaum darauf geachtet, was sich im Haus des *Arbab* tat. Sie hatte sich nichts vorzuwerfen, und Ghorban-Ali und Hashem waren da, um sie zu ernähren, dachte sie. Zahra versuchte sie indes zu warnen.

61

«Trau den beiden nicht, auch sie haben sich verändert. Seitdem Hashem allein ist, gehorcht er deinem Mann wie ein treues Hündchen und steht unter seinem Einfluß. Er wird so handeln, wie es für ihn von Vorteil ist. Firuzeh ist nicht mehr da, um ihm den Weg zu weisen. Seitdem dein Mann in die Stadt geht, hat er alle schlechten Gewohnheiten von dort mit zu uns heraufgebracht.»

Soraya sagte nichts. Sie wußte, daß die Alte recht hatte, aber was sollte sie tun? Sie sprach schon seit langem nicht mehr mit ihrem Mann. Ihre beiden ältesten Söhne gingen ihr aus dem Weg. Die beiden Jüngsten wuchsen auf der Straße auf und kamen schmutzig und staubig nach Hause, wenn die Sonne hinter den Bergen verschwand.

Unter dem Druck der wachsenden Feindseligkeit, die sie um sich herum spürte, beschloß Soraya eines Tages, überhaupt nicht mehr zu sprechen. Damit, das war Zahra klar, hatte sie ihre letzte Chance vertan. Wenn sie sich weigerte, sich zu rechtfertigen, würde es sehr schwer für sie sein, sich zu wehren.

Was Hassan Lajevardi betraf, dem fehlte es an nichts, vor allem nicht an Essen. Die Bürger der Gemeinde verwöhnten ihn und brachten ihm allmorgendlich seinen Liter Milch sowie Käse und Brot. Für jeden kleinen Dienst, den er jemandem leistete, wurde er obendrein bezahlt.

Mit verschiedenen Geschäften hatte er sich beträchtliche Rücklagen geschaffen, die ihn bald zu einem der wohlhabendsten Männer in den Bergen machten, um so mehr, als er durch Ghorban-Alis Vermittlung nun auch mit Gaunern drunten im Tal dunkle Geschäfte trieb. Er selbst hielt sich dabei im Hintergrund, sein Name trat niemals in Erscheinung; er begnügte sich damit, die Fäden in der

Hand zu halten. Offizielle Geschäftspapiere wurden von Sorayas Mann unterzeichnet, und die Sache war geritzt.

So wurde Ghorban-Ali durch geschickte Fälschung der Grundbucheintragungen auch glücklicher Besitzer eines kleinen Gartens draußen vor der Stadt, mit schönen Bäumen und einem Gartenhaus... Mashdi Ebrahim erhielt mit Hilfe ähnlicher Tricks einige Aktien am Freudenhaus, das er eines Tages aufsuchte, wiewohl er sich weigerte, der Versuchung des Fleisches nachzugeben.

Jeder machte Geschäfte auf Kosten der anderen, und Hassan war bei allem der Drahtzieher.

Wer dabei am meisten manipuliert wurde, war zweifelsohne Mashdi Ebrahim. Sein Amt als Bürgermeister verlieh ihm in der Gemeinde uneingeschränkte Autorität, und der amtliche Stempel, den er unter die Dokumente setzte, gab den rechtswidrigen Geschäften, die Scheich Hassan mit Ghorban-Ali betrieb, den Anschein der Legalität.

Der Mullah fertigte Akten und Urkunden nach eigenem Gutdünken aus. Keiner vermochte dagegen einzuschreiten, denn die wenigsten konnten lesen, und auch wer Kenntnisse im Lesen und Schreiben besaß, ließ sich durch die Amtssprache leicht verwirren.

Der Bürgermeister ließ alles geschehen. Er unterschrieb, was zu unterschreiben war, er spielte seine Rolle als Erster Bürgermeister des Dorfs weiterhin perfekt, und Zahras Beschimpfungen trieben ihn erst recht dazu, den Weg weiterzuverfolgen, den Hassan ihm zeigte. Niemand im Dorf schien sich für diese Angelegenheiten zu interessieren, und wenn Ghorban-Alis Söhne Hossein-Ali und Hassan-Ali einmal eine Anspielung machten oder zu viele Fragen stellten, hatte die «Viererbande» – auch Hashem erwies sich als zuverlässiger Komplize – immer eine Antwort parat. Man hatte von dem Witwer nichts anderes verlangt, als Soraya zu beschuldigen und zu bestätigen, daß sie ihn belästigte und ihm schändliche Anträge machte; desgleichen sollte er behaupten, sie habe wiederholt versucht, ihn zu verführen, ihn mit Zärtlichkeiten überschüttet und Worte zu ihm gesagt, die eine verheiratete Frau einzig und allein zu ihrem Ehemann sagt.

Der Bürgermeister wollte jedoch vor Zahra, die hinter ihrem Fenster jeden seiner Schritte belauerte, nicht als Schurke dastehen. Er wußte, daß sie Bescheid wußte, und versuchte schlecht und recht den Schein zu wahren und bei ihr wenigstens einen kleinen Rest von Ansehen zu behalten. Seit fünfzig Jahren hatte diese Frau ihn beherrscht; sie hatte bei ihm immer alles erreicht, was sie verlangt hatte. Er hatte ihr nie etwas abschlagen können. Diesmal jedoch mußte er es mit ihr aufnehmen, ihm blieb keine andere Wahl.

Das Komplott war im Gang. Er war daran genauso interessiert wie Hassan. Auf keinen Fall wollte er Schwierigkeiten mit diesem Mann bekommen, der in kurzer Zeit das ganze Dorf an sich gerissen hatte. War er in jemandes Auftrag hier? Hatte er wirklich Beziehungen zu höchsten Stellen? Konnte er, wie er behauptete, die Polizei, die Gendarmerie oder einen islamischen Richter eingreifen lassen, wann immer er wollte?

Sein ganzes Leben lang war Ebrahim ein Schwächling gewesen. Den Forderungen des Grundbesitzers hatte er sich schweigend gebeugt. Die Extravaganzen seiner Frau, die mit unbedecktem Kopf nach Kuhpayeh gekommen war, hatte er stumm ertragen. Und er duldete auch schweigend, daß sein Sohn die Mädchen aus dem Dorf belästigte.

Diesmal jedoch würde er Zahra, die ihn bei jeder Gelegenheit provozierte und demütigte, schon zeigen, wozu er fähig war!

Nichts würde ihn aufhalten können, und sobald Hassan und Ghorban-Ali mit Hashems Komplizenschaft Sorayas Schuld bewiesen und die Geschichte an die Öffentlichkeit gebracht haben würden, würde er ihre Aussagen bestätigen und die Sache zu Ende führen...

4

Zahra

Zahra, die Dorfälteste, war eine verrunzelte, vom Lebenskampf gebeugte Frau. Alle fürchteten sie, aber jeder suchte ihre Wertschätzung zu gewinnen.

Seit Jahrzehnten wurde im Dorf nichts unternommen, ohne daß man sie um ihre Meinung gefragt hätte. Ob es um die Rodung eines Stücks Wald, um den Bau einer kleinen Brücke, die Vergrößerung des Brunnens, um eine Hochzeit oder ein Begräbnis ging, bei allem hatte sie ein Wörtchen mitzureden.

Keiner kannte ihr genaues Alter, ebensowenig wie das von Mashdi Ebrahim, doch hatten beide die Sechzig weit überschritten.

Von frühester Kindheit an ging Zahra dreimal wöchentlich bei jedem Wetter zum Bach hinunter, um die Wäsche der ganzen Familie zu waschen.

Selbst weise und erfahrene Leute ließen sich von ihr beraten und fragten sie nach ihrer Meinung. Jeder hatte gewußt, daß Ebrahim, obwohl er der Sohn des Bürgermeisters war, nicht über die nötigen Fähigkeiten verfügte, um die Nachfolge seines Vaters anzutreten, als dieser starb. Zahra jedoch setzte ihn durch, und niemand hatte etwas dagegen einzuwenden. Sie verbrachte ihre Zeit teils am Fluß, teils im Haus, sprach wenig, hörte viel und sah alles. Außer ihren Verwandten empfing sie nur wenige Besucher.

Zahra wußte alles aus dem Leben jedes einzelnen Dorfbewohners, jede Kleinigkeit; sie wohnte den Entbindungen und Beschneidungen bei, sie klärte die unwissenden jungen Brautpaare am Abend vor der Hochzeitsnacht auf und hatte allen ihren Altersgenossen und Freunden einem nach dem anderen das letzte Geleit gegeben. Sie hatte nie in die Stadt hinunterfahren wollen, aber sie kannte Kerman aus den Geschichten, die man ihr darüber erzählte.

Wenn der Bus ins Dorf kam, verzog sie sich, und die Besuche des *Arbab* und seiner Familie jeden Donnerstagnachmittag interessierten sie wenig. Sogar am Tag von *Sizdah-Bedar*, dem dreizehnten Tag nach dem Neujahrsfest, wenn alle Dorfbewohner, wie es der Brauch will, ihre Häuser und das Dorf verlassen, blieb sie als einzige daheim. An diesem Tag hatte sie das ganze Dorf für sich und ging zwischen den verlassenen Häusern spazieren. Nur ein paar streunende Hunde, die Raben in den Bäumen und die ersten Schmetterlinge, die mit dem Frühling gekommen waren, leisteten ihr Gesellschaft.

Seit einigen Jahren nahm sie nicht mehr an den gemeinsamen Festen teil, nicht einmal an den Hochzeitsfeiern. Nur zu Begräbnissen erschien sie noch. Dann sah man sie zu dem kleinen, unter Bäumen gelegenen Friedhof gehen, um Abschied von einer ihrer Freundinnen zu nehmen.

Zahra kannte nur das Dorf und seine Umgebung. Sie hatte immer im selben Haus gewohnt, neben dem des *Arbab*, der es von seinem Vater bekommen hatte. Von Kindheit an hatte sie sich selbständig und unabhängig gezeigt.

Damals gingen Mädchen nicht zur Schule. Sie halfen

ihren Müttern bei der Hausarbeit und wurden sehr früh mit einem Nachbarssohn verheiratet, wodurch bisweilen ein Grundstück vermehrt oder eine Hütte erweitert werden konnte.

Ihr Vater hatte den ersten Brunnen gegraben, und ihr war die Ehre zuteil geworden, daraus das erste Wasser zu schöpfen. Seither trug der Brunnenplatz ihren Namen.

Eines Tages war auf einem Maultierkarren ein Wanderlehrer ins Dorf gekommen. Er hatte Buntstifte, Bilderbücher und eine Flöte mitgebracht. Ein paar Tage lang war er im Dorf geblieben, und Zahra war die eifrigste Teilnehmerin an seinen improvisierten Unterrichtsstunden gewesen.

Ihr Wissensdrang nahm im Lauf der Jahre noch zu, und später lehrte sie die anderen, was sie selbst behalten hatte, denn, so sagte sie, «Gott und sein Prophet konnten lesen und schreiben, und jeder gute Moslem muß das auch können».

Eines Tages meinten ihre Eltern, nun sei es für sie an der Zeit zu heiraten, und man wollte sie zwingen, Morteza zu nehmen, sie aber wollte davon nichts wissen. Sie rannte davon und lief stundenlang über die Felder, und als sie spätabends wieder nach Hause kam, erklärte sie, sie wolle keinen zum Mann haben, der nicht lesen und schreiben könne.

Mit Nematollah, der zehn Jahre älter war als sie und gewisse Neigungen für das Lesen und Rechnen gezeigt hatte, erklärte sie sich schließlich einverstanden. Mit Zahras Hilfe wurde er der engste Mitarbeiter des Kadkhoda und kümmerte sich um die Schreibarbeiten und die Akten.

Zahra war das gleiche Los wie allen Frauen im Dorf beschieden: In zehn Jahren mehrmals schwanger, wurde sie

Mutter von sechs Kindern, von denen nur eines die Feldarbeit ablehnte und in die Stadt ging, um Gendarm zu werden.

Dreißig Jahre lang war sie mit Nematollah verheiratet. Kurz nachdem sie Witwe geworden war, starb auch die Frau von Mashdi Ebrahim. Alle dachten damals, die zwei alten Freunde würden sich zusammentun. Doch daraus wurde nichts, und das Leben ging weiter seinen Lauf.

Eines nach dem anderen verheiratete Zahra ihre Kinder, und keines blieb ihr. Sie entschied über alles, mischte sich überall ein, machte allen das Leben schwer in der Überzeugung, das Gegenteil sei der Fall.

Schon sehr früh hatte sie eine Vorliebe für ihre Nichte Soraya gezeigt. Soraya war die einzige, die die alte Dame ohne Voranmeldung jederzeit besuchen durfte. Ghorban-Ali fürchtete die Besuche seiner Frau bei Zahra, denn er wußte, daß sie sich bei ihr über sein Verhalten, über seine Faulheit, seine Schmuddeligkeit und seine Lügen beklagte. Die Wutanfälle der Alten waren berühmt, und er hatte Angst davor.

Wie Zahra hatte auch Soraya die Schule besucht und sich bemüht, ihr Wissen an die Kinder weiterzugeben. Auch sie hielt ihr Haus in bester Ordnung und zog ihre Kinder ordentlich und sauber auf, hielt sich nicht auf der Straße auf und sprach mit niemandem, außer wenn sie angesprochen wurde.

Und als sich herausstellte, daß Ghorban-Ali das Leben drunten in der Stadt vorzog, fand Soraya bei der alten Frau den Trost und Rat, den sie sich erhofft hatte.

Eines Morgens hielt sich Zahra Khanum in ihrer Küche auf, als sie plötzlich ein Geschrei vernahm. Es war Markttag, und die Rufe der Händler drangen bis zu ihr. Doch dieses laute Stimmengewirr kam ihr merkwürdig vor. Sie trat ans Fenster und beugte sich hinaus. Unweit von ihrem Haus sah sie eine Menschenansammlung. Die Alte begriff nicht sofort, wem die wütenden Zurufe galten.

«Hure! ... Du bist nur eine Hure! Du Hündin! Tochter einer Hündin!»

Jetzt konnte sie die Stimme von Ghorban-Ali heraushören. Nachdem sie sich vom ersten Schreck erholt hatte, beschloß sie hinauszugehen. Als sie sich der Menge näherte, wurde das Geschrei noch lauter:

«Eine Dirne bist du! Schande über dich, schamloses Weib!»

Mühsam bahnte sie sich einen Weg durch die Menge und bemerkte Soraya, umringt von einer Schar Männer und Frauen, die auf sie einschrien und sie tätlich angriffen. Als die junge Frau der rasenden Menge zu entkommen suchte, stürzte sie unter den Schlägen zu Boden.

Zahra schob sich durch das Gedränge, um ihre Nichte zu beschützen. Dabei bekam auch sie Schläge ab.

«Mischen Sie sich da nicht ein, Zahra Khanum! Diese Hure verdient es nicht, daß Sie sie beschützen. Lassen Sie uns nur machen!»

Die beiden Frauen standen auf. Stille trat ein. Zahra fixierte Ghorban-Ali und sagte:

«Was geht hier vor? Bist du verrückt geworden? Weißt du überhaupt, was du tust?»

«Sie hat es nicht anders verdient. Sie hat mich betrogen. Verstehen Sie, sie hat mich betrogen!»

Er konnte sich in seinem Zorn kaum noch beherrschen.

«Was heißt das, sie hat dich betrogen? Wann hat sie dich betrogen, mit wem und wo?»

«Gerade eben, dort, mit Hashem, ich habe sie dabei ertappt!»

Zahra verstand noch immer nicht.

«Weshalb schreit ihr denn so, ich verstehe kein Wort. Kommt mit zu mir, dann können wir reden.»

Sie faßte Soraya um die Schultern. Ghorban-Ali und etwa zwanzig Dorfbewohner folgten ihnen.

«Ihr kommt mir nicht ins Haus. Nur Soraya und Ghorban-Ali dürfen mit hinein. Holt den Bürgermeister, sonst will ich keinen hier haben!»

Die Menge blieb vor dem Haus stehen und wartete auf Mashdi Ebrahim. Soraya war in Tränen aufgelöst, und Ghorban-Ali stand vor Wut bebend neben ihr.

Als der Bürgermeister eintraf, fragte er die Alte:

«Was gibt es denn? Was geht hier vor?»

Bevor Zahra antworten konnte, brüllte Ghorban-Ali los:

«Sie betrügt mich, sie hat mich mit Hashem betrogen. Ich wußte es schon vorher, und jetzt habe ich sie ertappt!»

Ebrahim wandte sich zu Soraya und fragte:

«Ist das wahr, was dein Mann sagt? Hast du ihn betrogen?»

Soraya überwand sich zu sprechen:

«Es ist nicht wahr, ich habe ihn nicht betrogen.»

Ihr Mann brüllte erneut:

«Du lügst, du lügst, gib zu, daß du lügst, das ganze Dorf weiß, daß du lügst und daß du mich betrügst. Jeden Tag gehst du zu Hashem, du kümmerst dich mehr um ihn und um seinen Haushalt als um deine eigene Familie. Du hast mit ihm geschlafen. Alle wissen es.»

«Das stimmt nicht... warum sagst du das? Zahra Khanum, du kennst die Wahrheit, erlaube ihm nicht, so etwas zu sagen!»

Soraya klammerte sich an den Arm der alten Frau und sah sie flehentlich an.

Zahra, die über das, was sie gehört hatte, sehr erregt war, fragte Sorayas Mann:

«Du sagst, sie hätte dich gerade eben betrogen. Was hat sie denn getan?»

«Das weiß sie selbst. Ich habe gesehen, wie sie sich zugelächelt haben, wie sie dicht beieinanderstanden und miteinander geflüstert haben. Ich hab sie dabei ertappt. Sie ist schuldig, sie betrügt mich.»

Nun schaltete sich Ebrahim ein.

«Soraya, sagt dein Mann die Wahrheit?»

Weinend versuchte die völlig verstörte Frau zu erklären:

«Ich habe zu Hashem gesagt, daß ich ihm sein Essen gemacht und seine Wäsche gewaschen habe und daß ich heute abend bei mir zu Hause die Kinderkleider bügeln werde. Ja, wir haben uns zugelächelt. Ihr wißt doch alle, daß ich mich seit Firuzehs Tod um seine Familie kümmere, jeder weiß es.»

«Und jeder weiß, daß du stundenlang bei ihm bleibst und daß du mit ihm schläfst. Es heißt sogar, daß du von ihm schwanger bist.»

«Das ist eine Lüge! Ich habe Hashem nie angerührt, und er hat mich nie angerührt. Wie könnte ich so etwas wagen, ich bin doch verheiratet!»

Ebrahim meinte zweifelnd:

«Soraya, wir kennen dich seit jeher, fest steht jedoch, daß du reichlich viel Zeit bei Hashem verbringst, seit die liebe Firuzeh nicht mehr bei uns ist, und ich kann gut verstehen, daß dein Mann sich beschwert. Du vernachlässigst deinen eigenen Haushalt und deine Kinder.»

«Ich habe nie irgendwen vernachlässigt. Fragen Sie

doch Zahra Khanum, fragen Sie meine Nachbarn, ich bin eine gute Mutter und eine treue Gattin...»

«Das stimmt nicht, du hast mich betrogen, das weiß das ganze Dorf. Du betrügst mich, wenn ich in Kerman bin. Scheich Hassan weiß es, er hat es mir gesagt. Fragen Sie ihn, Mashdi Ebrahim!»

Zahra entgegnete:

«Mit dem Ehemann der besten Freundin zu sprechen ist kein Vergehen, und Hashem ist ein braver Kerl. Holt ihn her, er wird die Wahrheit sagen.»

Der Witwer wurde in Zahras Haus geholt, und der Bürgermeister fragte ihn:

«Sag mal, Hashem, was hast du vorhin zu Soraya gesagt, als du mit ihr geflüstert hast?»

«Sie hat gesagt, daß sie zu mir kommen wird, um das Mittagessen für die Familie zu kochen, um meine Wäsche zu bügeln... und... äh... äh...»

«Und was noch, Hashem, erzähle...»

«Und daß sie sich ein Weilchen ausruhen wolle, weil sie vom Einkaufen auf dem Markt müde sei...»

«Das stimmt nicht!» schrie Soraya. «Das habe ich nie gesagt. Ich habe gesagt, daß ich deine Wäsche mitnehmen und zu Hause bügeln will, wenn ich mich ausgeruht habe!»

Hashem senkte den Kopf und gab keine Antwort.

Ghorban-Ali rief:

«Da seht ihr es, sie lügt in einem fort, sie hat immer nur gelogen!»

Der Bürgermeister sah ein wenig verlegen zu Zahra Khanum, hüstelte und ergriff wieder das Wort:

«Hashem, hör mir gut zu, es ist sehr wichtig: Hat Soraya gesagt, sie wolle nach dem Essen kommen und sich bei dir ausruhen? Antworte!»

Der Mann zögerte einen Augenblick und schielte, ohne den Kopf zu heben, verstohlen zu Ghorban-Ali hinüber, der hinter dem Bürgermeister stand.

«Hashem, beantworte meine Frage. Ja oder nein?»

«Ja, ja... sie hat es gesagt.»

«Schau mir in die Augen und wiederhole, was du gerade gesagt hast.»

Hashem war ein unbeholfener und verschlossener Mensch. Er sah den Leuten nicht ins Gesicht, wenn er mit ihnen sprach, und ließ sich leicht einschüchtern. Beim kleinsten Ärger konnte er sich stundenlang in Schweigen hüllen. Ebrahim wußte das, aber er wollte eine klare Antwort:

«Hashem, schau mich an. Du hast doch keine Angst vor mir, wir kennen uns schon so lange. Ich bin für dich wie ein Vater. Schau mich an und antworte mit Ja oder Nein.»

Langsam hob der Witwer wieder den Kopf und wich dabei den Blicken der beiden Frauen aus, die ihn fixierten.

«Ich stelle dir nochmals die gleiche Frage. Überlege es dir gut, ehe du antwortest: Hat Soraya dir vorgeschlagen, sich nach dem Essen bei dir auszuruhen, ja oder nein?»

Ghorban-Ali nickte kaum merklich zu seinem Freund hin, doch Zahra bemerkte das Zeichen. Sie warf einen vernichtenden Blick auf Sorayas Mann, der nun seinerseits den Kopf senkte.

«Ja, Mashdi Ebrahim, sie hat es gesagt. Sie wollte es so machen wie schon oft. Sie kommt immer zu mir. Ich will das gar nicht. Wenn niemand da ist, legt sie sich auf das Bett. Dann sagt sie Dinge, die mir peinlich sind... das ist wirklich wahr... ihr müßt mir glauben!»

Soraya wollte ihren Ohren nicht trauen.

«Das stimmt nicht! Ich bin nie bei Hashem geblieben, wenn ich mit meiner Arbeit fertig war. Wir haben immer die Tür offengelassen. Mein Gott, was soll ich nur tun, damit man mir glaubt? Ich schwöre es vor dem Allmächtigen; alles was Hashem gesagt hat, ist falsch!»

Dann wandte sie sich dem Witwer zu.

«Warum sagst du das? Du weißt, daß ich dich wie einen Bruder liebe und daß Firuzeh für mich wie eine Schwester gewesen ist. Warum tust du mir so weh?»

Sekundenlang herrschte eine lastende Stille im Raum. Auf ein weiteres heimliches Zeichen von Ghorban-Ali hin bekräftigte Hashem schließlich:

«Mashdi Ebrahim, alles was ich gesagt habe, ist wahr, ich schwöre es: Soraya kommt ständig zu mir, sogar wenn ich sie gar nicht brauche. Ghorban-Ali weiß das, ich habe es ihm gesagt; Scheich Hassan weiß es auch. Auch ihm habe ich die Wahrheit gesagt.»

Dann senkte er wieder den Kopf, als schäme er sich plötzlich seiner Aussagen.

Ebrahim fuhr sich mit der Hand durch den Bart und wandte sich, ohne auf Zahra und Soraya zu achten, zu Ghorban-Ali.

«Ist das wahr? Du hast alles gewußt?»

«Ja, Mashdi Ebrahim, aber ich wollte es nicht glauben. Ich liebe meine Frau und konnte es einfach nicht glauben. Scheich Hassan und andere haben es mir gesagt, wenn ich aus Kerman zurückkam, aber ich habe ihnen nie geglaubt. Ich mußte sie erst ertappen und es mit eigenen Augen sehen. Heute habe ich sie erwischt!»

«Und was hast du gesehen? Sag es mir nochmals.»

«Sie haben sich zugelächelt; sie haben miteinander geflüstert und sich an der Hand gefaßt; sie hat sich zu ihm geneigt und ihm leise etwas ins Ohr gesagt, nun ja, all das eben...»

Noch einmal schaltete sich Soraya ein:

«Ich habe mich nicht über ihn gebeugt und ich habe nicht mit ihm geflüstert. Ich habe auch seine Hand nicht berührt, aber vielleicht haben wir uns zugelächelt, das weiß ich nicht mehr. Ich lächle jedem in Kuhpayeh zu, der freundlich ist, egal ob Mann oder Frau.»

«Soraya, zwei hier anwesende Männer werfen dir ein Verhalten vor, das einer Ehefrau und Familienmutter nicht würdig ist. Kannst du das Gegenteil beweisen?»

Bestürzt stammelte die junge Frau:

«Beweisen? Wieso beweisen? Ich habe nichts zu beweisen. Sie müssen es beweisen, wo, wann und wie ich es getan haben soll. Darauf werden sie nichts zu antworten wissen. Ich bin eine anständige Frau, ich habe in meinem ganzen Leben nur einen einzigen Mann gehabt, und das ist mein Ehemann. Ich brauche nichts zu beweisen, und wenn ihr so boshaft seid zu behaupten, ich sei schwanger, dann wartet neun Monate, und ihr werdet sehen, daß es nicht stimmt!»

Ihr letzter Satz schien den Bürgermeister, der darauf nicht gefaßt war, zu ärgern.

«Soraya», sagte er, «du scheinst die Gesetze unserer Gesellschaft nicht zu kennen, so wie unser verehrter Imam sie uns vor einigen Jahren vorgeschrieben hat. Beschuldigt ein Mann eine Frau, muß sie selbst ihre Unschuld beweisen. So lautet das Gesetz. Wenn dagegen eine Frau ihren Mann beschuldigt, hat sie die Beweise zu erbringen. Verstehst du? Man erklärt dich für schuldig, also beweise das Gegenteil, dann wird man dir ohne weiteres glauben.»

Jetzt gab Zahra ihr Schweigen auf.

«Ebrahim! Wir kennen uns viel zu gut, um uns gegenseitig anzulügen, meinst du nicht auch? Darum sage ich dir, mir sieht das alles nach einem abgekarteten Spiel aus. Soraya braucht nichts zu beweisen. Sie ist ehrlich und fleißig, eine gute Mutter und untadelige Ehegattin. Seit Firuzehs Tod hilft sie der Familie ihrer Freundin. Und du willst, daß sie beweisen soll, daß sie treu ist und ihren Mann nicht betrügt! Merkst du denn nicht, wie unsinnig das ist? Würdest du alle diese dummen Fragen auch stellen, wenn es um eine deiner eigenen Töchter ginge? Ganz gewiß nicht. Gib doch zu, du weißt genau, daß Soraya nichts Böses getan hat, und traust dich nur nicht, es zu sagen.»

Verblüfft über die Heftigkeit der alten Frau, ließ der Bürgermeister das Gewitter vorüberziehen und erwiderte dann:

«Hätte sich eine meiner Töchter in eine solche Lage gebracht – Gott bewahre mich davor –, dann hätte ich genauso gehandelt, täusche dich nicht. Als Bürgermeister dieses Dorfes habe ich meine Ermittlungen durchzuführen, ob es dir paßt oder nicht. Diese Frau wird von ihrem Gatten und diesem Mann da, der ihr Liebhaber sein soll, der Untreue bezichtigt, und auch Scheich Hassan, unser Mullah, und andere Leute sollen bereits Kenntnis davon haben. Und jetzt ist es auch mir bekannt. Uns obliegt es, darüber zu urteilen.»

Und ohne sich von der Alten zu verabschieden, verließ er das Haus, gefolgt von Ghorban-Ali und Hashem. Die Dorfbewohner, die vor dem Haus gewartet hatten, zerstreuten sich.

Zahra Khanum war stumm vor Empörung, und Soraya hatte sich erschöpft auf den Boden gesetzt. Sie war kreidebleich und unfähig, sich zu bewegen oder ein Wort zu sagen.

Zahra wurde von jäher Angst erfaßt. Sie kannte Soraya nur zu gut und wußte, daß die junge Frau nicht in der Lage war, sich zu wehren. Seit jeher wußte sie das. Schon als kleines Mädchen hatte Soraya, wenn man ihr vorwarf, eine Dummheit gemacht zu haben, nur den Kopf gesenkt und sich wortlos bestrafen lassen.

Zahra hatte die Vormachtstellung der Männer im Dorf nie einfach hingenommen. Sie war nicht auf den Mund gefallen, und nicht wenige der Männer hatten gehörigen Respekt vor ihr.

Seit der Revolution jedoch hatten im Iran allein die Männer das Sagen, und Zahra hatte sich geschlagen geben und es hinnehmen müssen.

Jede Auflehnung, jede Meinungsäußerung wäre böswillig gedeutet worden und hätte sich in diesem emotionsgeladenen und frauenfeindlichen Klima automatisch gegen sie gewendet, mit allen denkbaren Folgen.

Am Tag von Scheich Hassans Ankunft war Zahra sofort klargewesen, daß der Teufel seinen Einzug ins Dorf gehalten hatte und niemand ihn würde vertreiben können. Der Mullah, der ein recht gebildeter Mann war, hatte in kürzester Zeit die Freundschaft und das Interesse der männlichen Dorfbewohner gewonnen. Abends nach der Arbeit plauderte er mit ihnen und klärte sie über ihre Rechte und Privilegien auf und über die Grenzen, die Frauen nie überschreiten durften. Mancher Schwächling machte daraufhin binnen kurzer Zeit eine völlige Wandlung durch und begann, mit Messer und Steinschleuder seine Umwelt zu terrorisieren.

Junge Frauen wie Soraya bekamen Angst, zogen sich ganz in ihre Häuser zurück und warteten darauf, daß

Mashdi Ebrahim die Situation wieder in den Griff bekommen würde. Doch die Bedrohung durch diese Männer – zumeist arbeitsscheue Rowdies – dauerte an. In dem neuen fundamentalistischen Islam hatten sie etwas gefunden, das ihrem erbärmlichen Leben einen Sinn zu geben schien.

Scheich Hassan schritt durch die einzige Straße im Dorf wie ein Messias, der gekommen ist, das Evangelium zu bringen, aber er merkte bald, daß er in Zahra eine ernstzunehmende Gegnerin hatte. Nicht ein einziges Mal hatte ihn die Alte bei sich eingelassen, und ihre raren Gespräche beschränkten sich auf Worte wie «durch Gottes Gnade», «mit Gottes Hilfe» oder «Gott sei Dank».

Der Siebzigjährigen wurde rasch klar, in welcher Gefahr Soraya schwebte. Sie wußte, daß Hassan ihr Anträge gemacht hatte und abgewiesen worden war; sie wußte, daß Ghorban-Ali in der Stadt ein Verhältnis hatte und alles daransetzen würde, um seine Frau loszuwerden, ohne ihr die Mitgift zurückzahlen zu müssen.

«Soraya, sag mir die Wahrheit, jetzt, wo wir unter uns sind. Hat es zwischen dir und Hashem irgendwas gegeben?»

Die junge Frau hob die Augen zu ihrer Tante und sagte mit dem unschuldsvollen Blick, den sie immer hatte, wenn ihr etwas unbegreiflich war oder wenn sie sich vor etwas fürchtete:

«Tante Zahra, wie können Sie mir eine solche Frage stellen?»

«Ich stelle sie dir, weil ich eine Antwort will.»

«Niemals, Tante Zahra, niemals habe ich irgend etwas mit Hashem oder mit irgendeinem anderen Mann gehabt; das wissen Sie, und alle wissen es. Ich habe nie auch nur daran gedacht, denn mein Vater und meine Mutter haben mich nicht großgezogen, damit ich solche Gedanken haben soll. Ich bin anständig und werde es immer bleiben.»

Zahra wußte, daß ihre Nichte die Wahrheit sprach. Sie hatte es schon vor Sorayas Antwort gewußt.

«Ich wollte es nur noch einmal von dir hören. Ich weiß, daß du die Wahrheit sagst und daß alles nur böses Geschwätz ist.»

Sie legte ihr die Hand auf den Kopf und segnete sie.

«Gott schütze dich, mein Kind, die Männer sind alle verrückt heutzutage. Sie wissen nicht mehr, was sie tun.»

Von draußen drang Lärm herein. Jemand klopfte an die Tür. Zahra öffnete und sah einige in ihre Tschadors gehüllte Frauen aus dem Dorf, darunter Sakineh, die Frau von Massud, dem Barbier, und Robabeh, die Frau des Schafscherers Karim.

«Ebrahim hat uns gesagt, wir sollen zu dir gehen. Er versammelt jetzt die Männer. Sie halten eine Besprechung ab.»

Zahra schwieg. Sie wußte, was das bedeutete: Der Bürgermeister hatte den Dorfrat einberufen, der eine Entscheidung fällen sollte.

«Wer ist dabei?» fragte sie nur.

«Scheich Hassan, Morteza Ramazani, Ghorban-Ali und seine zwei Ältesten, dann die Stellvertreter des Bürgermeisters, Shokrollah und Mohamad und Baba Kouré, der alte Blinde, der immer am Flußufer sitzt und vor sich hindöst.»

Die islamische Justiz würde ihr Werk tun, und nichts würde sie aufhalten können, nicht einmal ein von Sorayas Unschuld überzeugter Mann.

Zu diesem Zeitpunkt hatte Zahra noch nicht die geringste Ahnung, daß ihre Nichte nur noch wenige Stunden zu

81

leben hatte. Solange sie zurückdenken konnte, hatten sich die Urteilssprüche des Kadkhoda immer auf eine Geldstrafe, eine Pro-forma-Verurteilung oder eine Spende an die Gemeinde beschränkt.

Bald begannen Gerüchte umzugehen. Kundschafter klopften an Zahras Tür und sprachen von einer schwerwiegenden Entscheidung, von einer exemplarischen Bestrafung. Vor dem flachen Haus, das als Bürgermeisteramt diente, hatte sich eine Menschenmenge versammelt. Jeder wollte dabeisein, und so standen die Marktbuden bald verlassen da, die Läden leerten sich, und alle fanden sich auf dem Platz ein, um zu debattieren.

Zahra Khanum schickte eine der Frauen los, die sich unter die Menge mischen sollte. Als sie zurückkam, flüsterte sie Zahra zu, daß das Dorf die Todesstrafe fordere. Unverzüglich trennte die alte Frau die Angeklagte von den anderen Frauen und schloß sich mit ihr in dem Raum ein, der ihr als Schlafzimmer diente. Ihr blieb nur noch wenig Zeit, die junge Frau auf das, was ihr bevorstand, und auf die Möglichkeit einer schweren Strafe vorzubereiten. Zahra Khanum hat später nie erzählt, wie Soraya reagierte und was sich in dem Schlafzimmer abspielte, bevor der Bürgermeister kam und höchstpersönlich die Entscheidung des Gerichts verkündete.

Sie gab der jungen Frau ihr bestes weißes Kleid, das sie seit Jahrzehnten sorgsam verwahrte. Sie wußte, daß man Soraya nach der Urteilsverkündung nicht mehr würde nach Hause gehen lassen, und wollte, daß sie würdig gekleidet vor ihre Henker trat. Es war ein Kleid, das keiner außer Zahra je getragen hatte, nicht einmal ihre Töchter bei ihrer Hochzeit.

Die Frauen in ihren schwarzen Tschadors begannen zu beten und zu weinen. Sie versammelten sich zu allen Trauerfeierlichkeiten und waren es gewohnt, gemeinsam ihre Klagelieder zu singen.

Der Zorn der Männer steigerte sich im Lauf des Tages immer mehr. Am frühen Nachmittag ertönte draußen wieder das feindselige Geschrei: «Tochter einer Hündin! Schamloses Weib! Verworfene!»

Wenig später vernahm man die Worte «Todesurteil» und «Steinigung». Einige Steine wurden in Richtung auf Zahras Haus geschleudert, dann trat plötzlich Stille ein. Sie währte nur wenige Augenblicke. Es klopfte an der Tür. Eine der Frauen ging öffnen. Auf der Schwelle standen Maryam, die Frau des Brunnengräbers Said, und Akra, die Frau des Metzgers.

«Die Männer sind fertig», verkündeten sie und verschwanden wieder.

5

Das Urteil

Die Holztür wurde aufgestoßen.

Ein Raunen ging durch die Menschenmenge vor dem Rathaus. Da und dort stieg haßerfülltes Geschrei auf, das von einem Beifallssturm übertönt wurde. Fast die gesamte Einwohnerschaft von Kuhpayeh hatte sich spontan versammelt, alle hatten ihre Häuser und die Läden verlassen, um die neueste Entwicklung mitzukriegen.

Schon seit einer Stunde standen sie in der stechenden Sonne und kommentierten die Ereignisse des Vormittags.

Der Bürgermeister trat heraus, dann Scheich Hassan und, auf einen Stock gestützt, ein kleinwüchsiger, gebeugter Mann mit einem runzligen, von einem ungepflegten weißen Bart umrahmten Gesicht.

Ebrahim und Hassan schritten die Stufen hinab und wandten sich ehrerbietig zu dem Alten.

«*Mahkum!*» sagte dieser mit zittriger Stimme.

Ein ungeheurer Schrei erhob sich, eine Gewehrsalve ertönte. Erschreckt von soviel Lärm, begannen die Hunde zu bellen. Die Männer applaudierten, schwenkten begeistert die Arme.

«Schuldig! Sie ist schuldig gesprochen!»

Das Geschrei schwoll noch mehr an, als der alte Mann mühsam die Treppen hinabstieg, die ihn von dem Mullah und dem Bürgermeister trennten. Diese eilten ihm zu Hilfe, und die Menge trat zur Seite. Morteza hatte soeben das Urteil über seine eigene Tochter gesprochen.

Dann trat wieder Stille ein. In der Tür war ein vierter Mann erschienen: Ghorban-Ali.

Bedächtig hob er die rechte Hand und wartete, bis es still wurde. Mit ernster und ruhiger Stimme sagte er:

«*Sang sar!*»

Hysterie erfaßte die Menge, Schmähworte ertönten, und die Leute begannen zu tanzen.

Wie von der kollektiven Raserei angesteckt, schrie Ghorban-Ali immer wieder:

«*Sang sar, sang sar.*»

Er hatte seine Frau zum Tod durch Steinigung verurteilt. Freudestrahlend stieg er langsam die drei Stufen zum Publikum hinab. Die Männer klopften ihm mit rauher Herzlichkeit auf die Schultern oder umarmten ihn, Kinder klammerten sich an seine Kleider. Kräftige Arme packten ihn und stemmten ihn in die Höhe.

Das Fest konnte beginnen, das Ritual sich vollziehen.

Den anderen Männern, die nun aus dem roten Backsteinhaus traten, wurde kaum noch Beachtung geschenkt. Es waren die beiden ältesten Söhne von Ghorban-Ali, zwei derbe Burschen von sechzehn und achtzehn Jahren, die zwei Stellvertreter des Bürgermeisters und der Blinde, der behutsam durch die brodelnde Menge geführt wurde. Auch sie fällten ihr Urteil:

«*Sang sar, sang sar, sang sar!*»

Die merkwürdige Prozession zog die Dorfstraße hinunter und machte am Brunnen halt. Die Sonne brannte herab, und in der Luft hing der Geruch von Schweiß, Staub und leidenschaftlichem Haß.

Bärtige, struppige Männer, in Tschadors gehüllte Frauen und aufgeregte Kinder drängten sich um die neun, die das Urteil verkündet hatten.

Mashdi Ebrahim bat erneut um Ruhe. Die Luft war so schwül und heiß, daß man kaum atmen konnte.

«Ruhe bitte!»

Dreimal mußte der Kadkhoda seine Bitte wiederholen.

«Meine Freunde, wir stehen nun vor dem Haus unseres teuren Morteza Ramazani, der tief gedemütigt wurde und heute der bedauernswerteste und einsamste Mensch auf der Erde ist...»

«So ist es... ja, das ist wahr... du hast recht...» ertönte es grollend aus der erregten Menge.

Noch einmal forderte Ebrahim die Leute zur Ruhe auf:

«Hört mir zu... ich bitte euch... hört mir zu...»

Es wurde wieder still.

«Morteza Ramazani ist seit langer Zeit unser Freund und unser Nachbar. Sein Vater und sein Großvater sind hier geboren. Seine Kinder und Enkelkinder sind hier zur Welt gekommen. Seine ganze Familie liegt hier begraben, und kein Familienmitglied ist je aus unserem Dorf weggezogen.»

Die Menge rief:

«Ja, so ist es!»

Mashdi Ebrahim hob den Arm und fuhr fort:

«Die Ehre unseres Freundes Morteza ist schwer geschändet worden. Und nicht nur seine Ehre, sondern die Ehre unseres ganzen Dorfes, unserer Familien.»

Das ganze Dorf brüllte:

«Ja, das ist wahr. Das ist wahr!»

Dann beruhigte sich die Menge wieder.

«Aber das ist noch nicht das Schlimmste. Die Ehre von Morteza Ramazani geht nur ihn und die Seinen etwas an. Die Ehre unserer Familien und unseres Dorfes geht nur uns etwas an, und wir werden sie wiederherzustellen wissen. Aber ich sage euch, es gibt etwas, das noch schlimmer ist: Die Ehre Gottes und die Ehre des Imam sind verhöhnt worden!»

Zweihundertfünfzig Menschen schrien, Frauen weinten, Männer schimpften, und die Kinder schlugen sich zum Zeichen der Reue an die Brust. Schluchzen und feindseliges Geschrei vermischten sich.

«Diese Hure muß getötet werden. Tötet sie! Tötet sie!»

Die Gemüter waren so erhitzt, daß Mashdi Ebrahim mehrere Male Ruhe gebieten mußte.

«Hier in diesem Haus, das wir alle kennen, lebt Morteza Ramazani mit seiner Familie. In diesem Haus ist er vor langer Zeit geboren worden, in diesem Haus ist er bei den Seinen gläubig und in Gottesfurcht aufgewachsen.»

Die Menge unterbrach ihn:

«Gelobet sei der gnädige und barmherzige Gott!»

«Vor diesem Haus, vor dem wir alle höchste Achtung haben, wollen wir euch das Urteil verlesen, das wir gefällt haben und das Morteza und den Seinen ihre Ehre zurückgeben soll.»

«Ja, das Urteil... laß es uns hören!»

Die Blicke der Menschen waren jetzt voller Haß. Einige hoben drohend die Faust. Die Frauen versteckten sich, wie von kollektiver Scham erfüllt, hinter ihren Schleiern.

«Verurteilt sie zum Tode... sie soll auf der Stelle sterben!»

«Meine Freunde, ich verstehe euch gut, aber wir müssen

bei alledem die Gesetze unseres Landes befolgen und die Gesetze, die unser verehrter Imam erlassen hat.»

«Er hat recht... er hat recht», riefen einige Dorfbewohner.

«Sie darf nicht länger leben... sie soll sterben, jetzt gleich!» schrie die Menge außer Rand und Band.

Mashdi Ebrahim vermochte seine Bürger nicht mehr zu beruhigen. Wenn er in diese von Leidenschaft verzerrten Gesichter blickte, erkannte er die Dorfbewohner, die früh am Morgen noch ganz ruhig zum Wochenmarkt gegangen waren, kaum wieder. Keinen Meter vor sich sah er Mehdi, den Metzger, der ein Vetter seiner Frau war. Der sonst so sanftmütige und fröhliche Mann war außer sich. Rassul, der neben ihm stand, schrie wild gestikulierend, man solle die Schuldige auf der Stelle hinrichten, er habe vor Einbruch der Nacht schließlich noch seine Arbeit zu erledigen.

«Meine Freunde, so hört mir doch zu, im Namen Gottes, des Allmächtigen...»

Doch das Geschrei und Gejohle wurde nur noch lauter und drohender.

«Leute, hört mir zu!»

Endlich wurde es ruhiger. Dem Bürgermeister war klar, daß er schnell machen mußte, denn einige Aufwiegler waren imstande, die Menge zu dem Haus zu führen, in dem sich, nur von ein paar alten, ins Gebet vertieften Frauen bewacht, Soraya aufhielt.

«Hört mir zu, ich bitte euch, hört mir zu!»

Aus einem abgewetzten Etui nahm Mashdi Ebrahim eine Brille mit runden Gläsern und Drahtbügeln, von denen einer mit Heftpflaster befestigt war. Mit der rechten Hand wischte er sich den Schweiß von der Stirn, die Linke zitterte kaum merklich.

«Ich verlese jetzt das Urteil.»

Die Gemüter beruhigten sich. Er herrschte vollkommene Stille. Scheich Hassan und Morteza Ramazani, die neben dem Bürgermeister standen, strafften sich. Ein ockerfarbener, übelriechender Staub hing in der Luft. Nicht der leiseste Windhauch kam von den Bergen. Selbst das Plätschern des Wasserstrahls am Brunnen schien verstummt zu sein.

«Im Namen Gottes, des Gnädigen und Barmherzigen...»

Die Dorfbewohner erwiderten im Chor:

«Gelobet seist Du, o allmächtiger und gerechter Herr, gelobet seist Du!»

«Am heutigen sechsten Tage des Monats Mordad im Jahr 1365* ist der Gemeinderat von Kuhpayeh unter meinem Vorsitz und in Anwesenheit meiner beiden Stellvertreter Shokrollah Jalili und Mohamad Ghorbani vollzählig zusammengetreten. Die Sitzung dauerte vierzig Minuten. Die Entscheidung wurde einstimmig getroffen. Jedes Ratsmitglied konnte seinen Standpunkt darlegen. Keiner hat versucht, die Angeklagte zu verteidigen. Wir haben beschlossen, daß die schuldige Soraya Manoutchehri...»

«Schande über ihren Namen! Schande über ihren Namen!»

Das Gebrüll setzte wieder ein, die Menge geriet in Aufruhr, Frauen stöhnten, Kinder schrien.

«Sprecht diesen schmutzigen Namen nicht mehr aus! Tod dieser Hure! Bringen wir es zu Ende, jetzt gleich!»

---

* Dem muslimischen Kalender sind 621 Jahre hinzuzuzählen, um das entsprechende Jahr des christlichen Kalenders zu erhalten; hier handelt es sich um den 15. August 1986.

Ein Stein, von anonymer Hand geworfen, traf den alten Morteza Ramazani mit voller Wucht an der Brust. Der Mann sackte zu Boden. Es wurde still.

«Wer hat es gewagt, auf diesen Mann zu werfen? Er soll sich melden! Wer hat den Stein geworfen?»

Beschämt senkten die Leute den Kopf. Man half dem Alten auf und setzte ihn an den Brunnen. Einer seiner Nachbarn brachte ein Kissen, damit er den Kopf an den Brunnenrand lehnen konnte.

«Es ist nichts», murmelte er, «es ist nichts. Nur ein leichter Schmerz, hier auf der rechten Seite... es ist nicht so schlimm... macht nur weiter... kümmert euch nicht um mich...»

Der Bürgermeister, der neben dem Verletzten kniete, stand langsam auf und zeigte mit dem Finger auf die nun wieder ruhigeren Dorfbewohner.

«Ihr habt unserem Freund eine weitere Verletzung zugefügt. Das wird Gott euch nicht vergeben. Vor wenigen Stunden erst ist er von seiner Tochter gedemütigt worden, und nun habt ihr ihn verwundet. Was hat er nur getan, um ein solches Schicksal zu verdienen, er, der so gut und gerecht ist und dessen Haus uns immer offensteht?»

In diesem Augenblick griff zum erstenmal Scheich Hassan ein. Bisher hatte er kein Wort gesagt und sich darauf beschränkt, dem Bürgermeister und dem Geschrei der Bürger zuzuhören. Er deutete mit dem Zeigefinger in die Menge und fixierte eine besonders aufgebrachte Gruppe.

«Du da hinten... ja, du, mit dem schwarzen Hemd. Komm nach vorn!»

Die Menge trat zur Seite.

«Komm her... ein bißchen schneller!»

Ein Halbwüchsiger von etwa fünfzehn Jahren kam

zögernd auf den Mullah zu, der den Arm immer noch in seine Richtung ausgestreckt hielt.

«Bist du nicht der Sohn von Yadollah, dem Hirten?»

Der junge Mann antwortete nicht sofort.

«Antworte! Bist du der Sohn von Yadollah, dem Hirten?»

«Ja», sagte er leise und senkte den Kopf noch tiefer.

«Warum hast du den Stein auf Morteza Ramazani geworfen?»

Nach kurzem Zögern erwiderte der Junge:

«Ich bin es nicht gewesen. Ich versichere Ihnen, ich bin es nicht gewesen.»

Noch bevor er den Satz beenden konnte, klatschte die mit Ringen geschmückte Hand des Geistlichen mit voller Wucht auf seine Wange. Der Junge taumelte und fiel rückwärts in den Staub. Ein dünner Blutstrahl rann aus seinem Mund.

«Du hast nicht nur ein hartes Herz, du bist auch noch ein Lügner! Ich schäme mich für dich und deine Familie. Zum Glück ist dein Vater gerade nicht hier, sondern oben in den Bergen bei seiner Herde. Ich bin sicher, er hätte dich noch viel schlimmer geschlagen.»

Etwas ruhiger fuhr er fort:

«Warum hast du den Stein geworfen?»

«Ich war es nicht. Ich war nicht der einzige. Ali und Rahim haben auch Steine geworfen... ich war es nicht.»

Ein zweiter Schlag, nicht minder heftig als der erste, traf den Jungen, und seine Lippe platzte auf.

«Erbarmen... Erbarmen... schlagen Sie mich nicht mehr! Ja, ich habe den Stein geworfen... Verzeihen Sie mir.»

Der Junge wurde zur Seite gezerrt, weg von der Menschenmenge, und auf den Abfallhaufen gestoßen, von dem Hunderte von Fliegen aufflogen.

Der Bürgermeister, der keine Miene verzogen hatte, las weiter:

«Wir haben einstimmig beschlossen, daß die Schuldige Soraya Manoutchehri noch vor Ende dieses Tages gesteinigt werden soll, bis sie tot ist.»

Die Schmährufe und das Freudengeschrei schwollen erneut an.

«Tod der Hure... Tod der Hure!»

Mashdi Ebrahim gebot Stille.

«Es nützt nichts, wenn ihr schreit. Alles wird ordnungsgemäß durchgeführt, wie es der Koran gebietet und das Gesetz vorschreibt. Der allmächtige Gott befiehlt uns, Selbstjustiz zu üben, weil wir alle von diesem Weib beleidigt worden sind und weil ihre Angehörigen Rache fordern.»

«Rache... Rache... Gott verlangt Gerechtigkeit und Rache!»

«Meine Freunde! Hört mir zu! Ich bitte euch, hört mir doch zu: Ihr sollt eure Rache haben, jeder von euch, wenn es soweit ist, aber ich sage noch einmal, alles muß sich nach dem Willen Gottes und den Wünschen unseres hochverehrten Imam vollziehen...»

«Gott gebe ihm ein langes Leben!» brüllte die Menge.

Ebrahim nahm seine Brille ab, verstaute sie sorgfältig in ihrem Etui und fuhr fort:

«In unserem Dorf hat es noch nie eine Steinigung gegeben. Hier haben immer alle ehrsam gelebt. Ich weiß aber, daß letztes Jahr nicht sehr weit von hier, in Khadjeh Asghar, eine Frau gesteinigt worden ist, und eine andere im Jahr davor in Schahre Babak. Einer meiner Freunde in Kerman hat mir geschildert, wie es sich abgespielt hat. So werden wir es auch machen...»

«Jetzt gleich!» verlangte einer in der ersten Reihe.

«Er hat recht, jetzt gleich», schloß sich ihm ein anderer an.

«Die Zeremonie findet drüben auf dem Dorfplatz statt, in einer Stunde, damit jeder kommen kann. In der Zwischenzeit muß ich Soraya das Urteil vorlesen...»

«Das ist doch nicht nötig, wir holen sie jetzt gleich. Wir dürfen keine Zeit verlieren», schrie ein Einäugiger, der schon einen Stein in der Hand hielt. «Ich bin bereit, ich werde den ersten Stein werfen, ein einziger wird genügen, die Hasen töte ich auch so, mit dem ersten Schlag!»

«Wir werden so vorgehen, wie ich gesagt habe, wie Gott es von uns verlangt, wie unser verehrter Imam es uns erlaubt und wie Morteza es wünscht. Geht jetzt ruhig nach Hause. In einer Stunde wird Soraya auf den Dorfplatz gebracht. Geht jetzt erst einmal wieder an eure Arbeit, ich will hier niemanden mehr sehen. In einer Stunde lasse ich die Glocke läuten. Erst dann dürft ihr wiederkommen. Nicht früher.»

Langsam zerstreute sich die Menge, die Frauen kehrten in die Häuser zurück, die Männer in ihre Werkstätten, und die Kinder gingen auf die nahe Wiese spielen.

Mashdi Ebrahim und Scheich Hassan oblag es nun, Soraya zu verkünden, daß sie nur noch kurze Zeit zu leben hatte. Das ganze Dorf wußte es bereits, nur sie selbst nicht und die Frauen, die sie bewachten.

Zum erstenmal in der Geschichte des Dorfes hatte der Bürgermeister eine solche Aufgabe zu erfüllen. Darauf war er stolz, aber er war auch beunruhigt. Er wußte, daß die Gerichte seit dem Sieg der Revolution Tausende von Menschen hatten exekutieren lassen. Er hörte zweimal täglich die offiziellen Nachrichten, in denen die Namen der Verurteilten bekanntgegeben wurden, die Gott und den Imam beleidigt hatten. Er wußte, daß in Kerman die Revolutionsgerichte seit mehr als sechs Jahren pausenlos arbeiteten. Noch nie aber hatte er selbst ein Todesurteil ausgesprochen. Noch nie hatte er eine Hinrichtung organisiert.

6

Der Abschied

Eine Stunde war verstrichen, seit die Männer aus dem Rathaus getreten waren, um das Urteil zu fällen.

Draußen war alles ruhig. Die Sonne begann zu sinken, und ein kühler Hauch wehte in das Zimmer, das Ebrahim und Scheich Hassan soeben verlassen hatten.

Die Klageweiber im Zimmer nebenan hatten wieder ihre Trauerlieder angestimmt, die ab und zu von Koran-Versen unterbrochen wurden.

Zahra beugte sich zu der Verurteilten und sagte leise:

«Meine liebste Soraya, ich werde bis zuletzt auf deiner Seite stehen, du wirst immer meine Achtung und Zuneigung haben. Aber was könnte ich darüber hinaus tun? Es ist Männergesetz, von Männern gemacht, und sie behaupten, es sei Gottes Gesetz. Sie haben dich schuldig gesprochen, obwohl du es nicht bist. Sie haben dich verurteilt, obwohl du unschuldig bist, doch niemand kann es beweisen, ich nicht und du nicht und auch die braven Frauen in dem Zimmer da drüben nicht.»

Mit einemmal wurde Soraya klar, wie sehr ihr Schweigen, zu dem sie sich seit Monaten gezwungen hatte, sich gegen sie ausgewirkt hatte. Plötzlich spürte sie ein dringendes Bedürfnis, sich zu äußern, sich zu rechtfertigen, ihre Unschuld hinauszuschreien. Aber sie wußte, nun war es zu spät, und keiner der Männer, die das Urteil über sie gesprochen hatten, würde ihr glauben wollen. Doch noch immer vermochte sie kaum zu fassen, daß diese plumpen Machenschaften ihr den Tod bringen würden.

Zahra, die auf ihrer Seite stand, konnte sie alles sagen.

«Tante Zahra, ich habe keine Angst vor dem Tod. Ich bin schon seit langem tot, seitdem Ghorban-Ali mich gedemütigt und geschlagen und anderer Frauen wegen vernachlässigt hat.»

Ein Seufzer unterbrach ihre Worte. Halb bewußtlos sank sie zu Boden. Zahra kniete neben ihr nieder, nahm Sorayas Kopf zwischen ihre Hände und küßte sie auf die Stirn.

«Mein Kind, mein liebes Kind, weine nur, weine, schäme dich deiner Tränen nicht. Hier sieht und hört dich keiner. Laß deinen Tränen freien Lauf.»

Der Klagechor der Frauen nebenan setzte ein:

«O allmächtiger Gott. O Mohammed. O geliebter Gott. Barmherziger Prophet.»

«Tante Zahra, ich will dich nicht verlassen, ich will meine Kinder nicht verlassen, meine kleine Khodjasteh, sie ist noch keine sieben Jahre alt... Ich will nicht aus dem Leben gehen, aber ich habe trotzdem keine Angst, denn ich weiß, ich werde meine liebe Mutter wiedersehen, die ich so vermißt habe. Tante Zahra, kümmere dich um meine Kinder, vor allem um die Kleine, sie ist so zart...»

Sie begann erneut zu schluchzen. «Tante Zahra», stieß sie hervor, «versprich mir, ihr zu erzählen, wer ich war und was man mir angetan hat, wenn sie einmal größer ist. Sie soll sich nie ihrer Mutter schämen. Versprich es mir...»

Tief bewegt erwiderte die alte Dame:

«Mein Kleines, deine Kinder, besonders die jüngeren, werden bei mir wohnen, und es wird ihnen an nichts fehlen. Deine Kinder werden die meinen sein, und niemand darf sie mir wegnehmen. Gott ist mein Zeuge: Mein Haus wird ihr Haus sein.»

Als sie das sagte, wußte Zahra allerdings, daß sie die zwei Ältesten von Soraya nicht in ihr Versprechen einschloß. Beide waren in die Fußstapfen ihres Vaters getreten. Mit seinem Segen drehten sie allerlei faule Dinger.

Hossein-Ali, der Erstgeborene, war seinem Vater wie aus dem Gesicht geschnitten: das gleiche kantige Gesicht, tiefliegende Augen, einen spärlichen Bart und Schnurrbart und einen für einen Jungen seines Alters beeindruckenden Nacken. Er hatte drei Jahre lang den Schulunterricht besucht und sich dabei vor allem durch häufige Abwesenheit und durch Aufmüpfigkeit hervorgetan.

Schon sehr früh hatte er durch eingeschlagene Fensterscheiben und kleine Diebstähle auf sich aufmerksam gemacht. Er prügelte sich mit seinen Altersgenossen und stahl Hühner und Hasen, denen er den Hals umdrehte, um sie dann irgendwo in den Bergen zu braten.

Anfangs tadelte sein Vater ihn, verabreichte ihm auch einige Schläge, an die ihn eine schlimme Narbe hinter dem rechten Ohr bis heute erinnert. Doch je mehr Prügel er bezog, desto häufiger wurde er rückfällig. Verstockt, mürrisch und gewalttätig, verbrachte er seine Zeit auf den Feldern, in den Ställen und im nahen Wald und kam nur zum Essen und zum Schlafen ins elterliche Haus.

Der um zwei Jahre jüngere Hassan-Ali war das genaue Gegenteil von ihm. Er hatte feinere Gesichtszüge, weniger hervorspringende Backenknochen, eine hellere Haut. Er war ein guter Schüler, zeigte sich sanftmütig, herzlich und liebenswürdig.

Stets zuvorkommend, half er seiner Mutter und den Nachbarn, wenn es darum ging, Lasten zu tragen, am Brunnen die Wassereimer zu füllen, das Vieh heimzutreiben oder zu melken. Doch als die einklassige Dorfschule geschlossen und die Kinder nach Hause geschickt wurden, blieb er sich selbst überlassen und dem schlechten Einfluß seines älteren Bruders ausgeliefert.

Er selbst stahl nicht, nahm aber an den Unternehmungen seines Bruder als stummer und amüsierter Zeuge teil.

Als man die beiden bat, ihren Vater beim Prozeß gegen die Mutter zu unterstützen, fanden sie dies ganz natürlich und gaben zweimal das Handzeichen, als es galt, sie schuldig zu sprechen.

Zahra Khanum saß neben ihrer Nichte. Kopf und Oberkörper leicht vorgeneigt, betete sie leise. Ihre Lippen bewegten sich, doch ihre Stimme war kaum vernehmbar. Ihre offenen Augen blickten starr auf Soraya, die so bleich war, daß Zahra Angst bekam. Sie unterbrach ihre Litanei, richtete sich auf und fragte:

«Soraya. Soraya. Hörst du mich?»

Die Verurteilte blieb stumm, wie abwesend.

«Soraya, mein Kind, hörst du mich?»

Die junge Frau blickte sie gleichmütig und geistesabwesend an.

Zahra streckte die Hand aus und legte sie ihrer Nichte auf die Schulter.

«Gib doch Antwort! Hörst du mich?»

Erst jetzt schlug die junge Frau die Augen nieder, und zwei Tränen rollten über ihre Wangen.

Zahra nahm Soraya fest in die Arme, entgegen allen Konventionen, die es verboten, eine Verurteilte zu berühren, ganz gleich, welche Strafe ihr auferlegt worden war.

«Tante Zahra, gerade eben habe ich meine Mutter gesehen. Sie saß unter einem Baum und streckte mir die Arme entgegen. Sie lächelte mir zu und sagte: Endlich, mein Kind, endlich bist du gekommen, es hat so lange gedauert.»

Sie schluchzte heftig, und die Klageweiber hielten einen Augenblick in ihren Gesängen inne.

Jemand schlug gegen die Fensterscheibe, gleich darauf noch einmal. Eine Stimme ertönte:

«Zahra Khanum, es ist Zeit. Mashdi Ebrahim hat mir gesagt, ich soll euch benachrichtigen, ihr müßt kommen.»

Zahra erhob sich als erste und half ihrer Nichte auf. Hinter ihnen, auf der Türschwelle, warteten fünf schwarzgekleidete Gestalten, die leise weiterbeteten. Wieder klopfte es, diesmal etwas lauter.

«Zahra Khanum, haben Sie gehört? Es ist soweit, kommt jetzt. Man wartet schon auf euch.»

Die alte Frau nahm ihre Nichte am Arm und ging mit ihr zur Tür; die anderen Frauen folgten ihnen. Zahra und Soraya sahen sich an.

Und während sie die Türklinke niederdrückte, sagte Zahra leise zu Soraya:

«Sei tapfer, mein Kind, du bist unschuldig, und Gott weiß es, Gott weiß es.»

Vorsichtig öffnete sie die Tür. Ein Schwall heißer Luft schlug ihr entgegen; das Licht war gleißend hell; es herrschte Totenstille. Zahra trat als erste über die Schwelle. Sie hatte ihren schwarzen Tschador auf dem Kopf, aber ihr Gesicht war unbedeckt. Mit den vielen Fal-

101

ten und der wettergegerbten Haut sah sie wie eine Hexe aus. Sie flößte Angst und Respekt ein.

Fünfhundert Augen blickten auf sie.

Und plötzlich brach eine Hysterie aus, ein wildes Geschrei und Durcheinander; Fäuste fuhren in die Höhe. Hinter Zahra war Soraya erschienen, unter ihrem Tschador, mit verhülltem Gesicht. Reglos standen die sieben dunklen Silhouetten in der schwülen Hitze des Sommernachmittags. Mit versteinerten Gesichtern warteten sie darauf, daß Mashdi Ebrahim, der Zeremonienmeister an diesem außergewöhnlichen Tag, über das weitere Vorgehen entscheiden würde.

Eine Sekunde später war das Geschrei verstummt. Der Bürgermeister war auf einen Schemel gestiegen und ergriff das Wort.

«Die Stunde ist gekommen... das Urteil muß vollstreckt werden!»

Ein Raunen ging durch die Menge. Eine Stimme, lauter als die anderen, rief:

«Jetzt gleich, auf der Stelle!»

Eine andere echote:

«Ja, auf der Stelle!»

Und eine dritte:

«Ja, er hat recht! Es hat schon viel zu lang gedauert. Wir sollten schnell machen!»

Ebrahim hob den rechten Arm und wartete, bis sich alle wieder beruhigt hatten.

«Wir haben einen schweren Tag gehabt, und er ist noch nicht zu Ende. Wir werden genau nach den Vorschriften des Gesetzes vorgehen. Herr Lajevardi hier neben mir besteht darauf, daß alles gemäß der Verfassung unseres Landes und den Gesetzen des Islam abgewickelt wird.»

Dann wandte er sich zu Zahra Khanum und sagte in theatralischem Ton:

«Lassen Sie die Angeklagte bitte vortreten.»

Die alte Dame zögerte einen Augenblick, drehte sich zu Soraya um und sagte leise:

«Du mußt jetzt stark sein. Schau geradeaus nach vorn, halte den Kopf hoch, denn du bist unschuldig...»

Die beiden Frauen schritten, gefolgt von den anderen fünf, auf die Menge zu, die auseinandertrat, um sie durchzulassen. Kein Laut war zu hören.

Dann brach Geschrei los, man bespie und beschimpfte die Verurteilte. Geballte Fäuste erhoben sich, es hagelte Schläge, sogar auf die Klageweiber. Nur Zahra Khanum blieb verschont.

Soraya ging dicht hinter der Alten, sie klebte beinahe an ihr.

Von seinem Schemel aus konnte Ebrahim alles sehen, doch er griff nicht ein. Er wußte, es wäre nutzlos gewesen. Die Menge hatte so lange gewartet, nun war es ihr gutes Recht, sich auszutoben. Plötzlich traf ein Fausthieb Zahra am Nacken. Mit einem Ruck blieb sie stehen, richtete sich auf und fixierte den, der sie geschlagen hatte.

«Du Hurensohn... da, das ist für dich!»

Damit verpaßte sie ihm eine schallende Ohrfeige. Die Menge lachte; für Augenblicke ließ die Spannung nach. Die Prozession schritt auf die Mitte des Dorfplatzes zu.

Hinter Zahra und Soraya hatten die Klageweiber ihren beschwörenden Singsang wiederaufgenommen.

«Allmächtiger Gott, vergib uns unsere Sünden... O Mohammed, erbarme Dich unser...»

Vor dem Schemel Mashdi Ebrahims machte der sinistre Zug halt. Mit Hilfe von Scheich Hassan stieg der alte Mann hinunter. Die Menge bildete einen Kreis um die Frauen und die islamischen Richter. Jeder wollte aus nächster Nähe sehen, was geschah, jeder wollte die letzten Worte der jungen Frau hören, die in weniger als einer Stunde getötet werden würde.

Mit einer pathetischen Geste bedeutete der Bürgermeister den Frauen zurückzutreten, so daß Soraya allein vor ihren Henkern stand. Der Bürgermeister, diese unscheinbare Gestalt, schien binnen weniger Stunden ein ganz anderer Mensch geworden zu sein. Man hatte den Eindruck, als habe er sich gestrafft, als benötige er keinen Stock mehr zum Gehen. Und was Scheich Hassan betraf, der hatte vor der Zeremonie sogar das Bedürfnis verspürt, zum Barbier zu gehen. Nur Morteza, dem gedemütigten Vater, war anzusehen, wie betroffen er war, denn seine Kleider waren ungewöhnlich unordentlich und schmutzig.

Das Stimmengewirr schwoll an:

«Sie soll sterben! Sie soll sterben!»

Ebrahim ließ die Leute gewähren. Das feindselige Geschrei steigerte die Spannung: was könnte für eine Hinrichtung besser sein? Er wollte, daß es ein unvergeßliches Ereignis wurde und daß sich die Kunde von diesem Gottesurteil bis ins Tal und in der ganzen Provinz verbreitete. Vielleicht gar bis in die Hauptstadt?

Und wenn der Imam von dieser Zeremonie und dieser Opferung hören würde, die man in seinem Namen veranstaltet hatte? Welch eine Ehre!

Da mußte man sich schon an die Regeln halten.

«Soraya Manoutchehri, wir haben laut islamischem Recht das Urteil über dich gesprochen, und die Entscheidung ist verkündet worden. Du kennst sie...»

«Sie soll sterben! Sie soll sterben!»

«Hast du gehört? Die Justiz unseres Landes hat dich zum Tode verurteilt...»

«Jetzt gleich! Jetzt gleich! Geht zur Seite, wir wollen endlich anfangen!»

Mit Steinen, Knüppeln und sogar mit Werkzeug bewaffnete Arme erhoben sich. Die Menge gebärdete sich immer bedrohlicher. Hohngelächter und Pfiffe erschallten. Der Bürgermeister wußte, daß er sich beeilen mußte, sonst würden ihn die Ereignisse und die Aggressivität einiger besonders Aufgebrachter einholen.

«Ich habe es euch schon gesagt: alles muß vorschriftsmäßig geschehen, und der hier anwesende Scheich Hassan wird die Vollstreckung des Urteils überwachen, damit uns keiner vorwerfen kann, wir hätten gegen das Gesetz Gottes und gegen den Willen unseres geliebten Imam gehandelt.»

«Dank sei ihnen... lang lebe unser Imam! Gott schütze unseren Führer...!»

Die Menge schien sich zu beruhigen. Doch ein Wort, eine Geste zuviel konnten jeden Augenblick die Leidenschaften entzünden und entfesseln. Auf ein Augenzeichen des Bürgermeisters ergriff Scheich Hassan das Wort:

«Meine Freunde, ihr kennt mich inzwischen gut. Ich bin einer der Euren geworden. Ich lebe noch nicht lange in diesem schönen Dorf, aber der allmächtige Gott hat mich zu euch geschickt, und ich werde Kuhpayeh, das für mich das Paradies auf Erden ist, nie wieder verlassen...»

Seine Worte wurden von Applaus unterstrichen. Hassan hatte begriffen, daß er diesen schlichten und ungebildeten Leuten schmeicheln mußte, wenn er die Zeremonie ohne Zwischenfälle zu Ende bringen wollte.

Diese Bauern sahen einer Steinigung zu, so wie sie dem

Besuch eines Ayatollahs oder, wie noch vor kurzem, eines Prinzen des altes Regimes beiwohnten. Für sie war es eine vergnügliche Veranstaltung. Nach der Vorstellung würde jeder wieder an seine Arbeit gehen.

Nur die Alten würden bis tief in die Nacht über das Ereignis sprechen und Mitgefühl zeigen.

«Diese Frau –» mit drohend erhobenem Zeigefinger deutete der Mullah auf Soraya – «hat Schande über euer Dorf gebracht, und diese Schande verlangt Wiedergutmachung. Ihr werdet Wiedergutmachung erhalten, indem ihr Gottes Wort ausführt.»

«Sang sar, sang sar!»

«Ja, meine Freunde, ihr habt recht, ihr dürft euch von der Schande, die sie über euch gebracht hat, reinwaschen, indem ihr euren Stein auf sie werft, jeder einzelne von euch, einer nach dem anderen. Mit jedem Stein, den ihr werft, wird eure Ehre wiederhergestellt, bis das Vergehen dieser Frau gänzlich gesühnt ist.»

«Sang sar, sang sar!»

«Geht und holt Steine», fuhr Scheich Hassan fort, «geht und kommt gleich wieder... Wir fangen erst an, wenn sich alle mit einem Stein bewaffnet haben...»

Einige Dutzend Leute zerstreuten sich rasch in die vier Himmelsrichtungen, um sich die tödlichen Wurfgeschosse zu beschaffen. Man fischte sie aus dem Flußbett, brach Backsteine aus einer bröckelnden Mauer, Ziegel aus einem eingefallenen Dach. Einige Männer sah man sogar die Mauer eines im Bau befindlichen Häuschens demolieren, um nur ja nicht mit leeren Händen zurückzukehren.

Kaum zehn Minuten später war der Kreis wieder geschlossen. In der ersten Reihe befanden sich Zahra

Khanum und die Klageweiber sowie der angeblich betrogene Ehemann Ghorban-Ali, der von seinen Söhnen, den zwei Stellvertretern des Bürgermeisters, Shokrollah Jalili und Mohamad Ghorbani und dem blinden Alten umringt war.

Vor ihnen stand, immer noch verschleiert, Soraya Manoutchehri. Sie wußte, daß ihr Ende nahe war.

Sie machte keine Bewegung. Der Kadkhoda, der Mullah und ihr Vater waren weniger als einen Meter von ihr entfernt.

Die Zeremonie konnte beginnen.

«Wer hat eine Hacke? Wer hat eine Schaufel?»

Mashdi Ebrahim hielt nach Rassul, dem Zimmermann, Ausschau.

«Ich!» rief eine männliche Stimme aus der Menge.

«Ich auch!» brüllte ein anderer.

Weitere Männer meldeten sich.

«Kommt nach vorn», befahl der Bürgermeister, «kommt zu mir.»

Fünf, sechs Dorfbewohner traten in den Kreis, der vergrößert werden mußte, damit alle darin Platz fanden. In ausgelassener Stimmung stellten sich die Freiwilligen hinter Soraya auf, in der einen Hand ihr Werkzeug, in der anderen einen Stein. Außer Rassul waren die Metzgersöhne Majid und Mohsen dabei sowie Ghorban-Alis Vettern Asghar, Rahmatollah und Ali-Akbar. Sie erledigten stets bereitwillig alle Schwerarbeit, die im Dorf anfiel: sie entluden die wenigen Lastwagen, die mit Gasflaschen, Petroleumfässern oder großen Zement- und Reissäcken aus der Stadt kamen, sie bauten die kleine Brücke über den Fluß wieder auf, wenn sie vom Hochwasser hinweggerissen worden war, sie fällten Bäume, schleppten Steine und schnitten an den Opfertagen den Lämmern die Kehle durch.

«Seid ihr alle freiwillig gekommen?»

«Ja», antworteten sie im Chor.

Ebrahim deutete auf Rassul, der eine Hacke hatte.

«Komm mit, und ihr macht Platz.»

Der Kreis der Dorfbewohner öffnete sich, um den Bürgermeister und die Totengräber durchzulassen. Die angebliche Ehebrecherin stand währenddessen reglos da wie eine schwarze Statue.

Mashdi Ebrahim wies mit dem Finger auf eine Stelle am anderen Ende des Dorfplatzes, dort wo immer der Autobus aus Kerman anhielt. Der Boden war hart und steinig. Da und dort sprossen kümmerliche Grashalme hervor, und Skorpione schliefen in der Sonne.

«Dort! Grabt dort!» befahl er Rassul. Der Zimmermann spuckte in die Hände, ergriff seine Hacke und blickte in die Menge.

Dann stieß er ein lautes «Ya Allah!» hervor und legte mit aller Kraft los. Zwanzig-, dreißigmal schlug er die Hacke in den Boden und rief dabei den Namen Allahs, um sich selbst anzuspornen.

Zehn Minuten später war das Loch etwa fünfzig Zentimeter tief. Rassul richtete sich einen Augenblick auf, um zu verschnaufen, und grub dann weiter. Mit einer Handbewegung gebot ihm Ebrahim Einhalt.

«Gut so, das genügt, ruh dich aus...»

Er wandte sich an die beiden Metzgersöhne.

«Wer will weitermachen?»

Mohsen nahm seinem Bruder die Hacke aus der Hand und trat als erster vor. «Ya Allah!» brüllte er.

Das Loch wurde rasch größer. Die Farbe der Erde änderte sich, wurde dunkler. Auf ein weiteres Zeichen des Bürgermeisters übergab Mohsen die Hacke an Majid, der im selben Tempo weiterarbeitete.

In zwanzig Minuten hatte man eine fast einen Meter tiefe Grube gegraben.

«Du bist dran, Asghar, räume die Erde weg.»

Der Mann griff nach einer Schaufel. Als er fertig war, rief der Bürgermeister wieder Rassul, dann die beiden Brüder. Die Grube hatte inzwischen eine Tiefe von einem Meter zwanzig.

«Genügt das?» fragte Majid.

«Noch ein bißchen, zehn, zwanzig Zentimeter, dann wird es gehen.»

Erneut schaufelte Asghar die Erde aus dem Loch. Dann kamen Rahmatollah und Ali-Akbar an die Reihe.

Endlich schien Mashdi Ebrahim zufrieden.

«So ist es gut, legt euer Werkzeug weg und kommt mit.»

Der Bürgermeister und seine Helfer kehrten in den Kreis der Dorfbewohner zurück. Das Volk hatte in gebanntem Schweigen verharrt. Die Sonne stand jetzt etwas tiefer, und eine leichte Brise hatte sich erhoben. Während das Loch gegraben wurde, hatte Scheich Hassan keine Miene verzogen. Vor ihm stand Soraya und musterte ihn, hinter ihrem schwarzen Schleier geschützt, fassungslos und voller Verachtung. Es war ihr unbegreiflich, wie ein derartiger Heuchler ihr Todesurteil hatte erwirken können. Seit dem Tag, an dem er sich im Dorf eingenistet hatte, nachdem er sich durch geschickte Machenschaften das Haus des *Arbab* angeeignet hatte, hatte die junge Frau gelernt, ihn zu durchschauen. Sie hatte immer an der Aufrichtigkeit seiner Glaubensbekenntnisse gezweifelt. Mehrmals hatte er seine Autorität als Mullah ausgenutzt und sie in den ruhigen Nachmittagsstunden, wenn ihr Mann Ghorban-Ali in der Stadt weilte und die meisten Dorfbewohner auf den Feldern arbeiteten, in sein Haus zu locken versucht. Oder er hatte sich unter dem Vorwand, ihr von Gott und den Pflichten der Frauen in der neuen Republik zu erzählen, Zutritt zu ihrem Haus verschaffen wollen, wenn er wußte, daß sie allein war. Bis zu jenem Tag, an dem er einfach hereingekommen und schließlich durch das unerwartete Erscheinen von Zahra Khanum vertrieben worden war.

Mit dem Koran in der Hand musterte Scheich Hassan hinter seiner dunklen Brille seinerseits die Frau. Er hatte die Schmach, die sie ihm angetan hatte, als sie seinen Antrag abwies, nicht vergessen. Was hätte sie sich denn Besseres wünschen können als ihn, mit ihren fünfunddreißig Jahren – auch wenn sie noch sehr schön war –, nun, da ihr Mann im Begriff stand, sie zu verlassen und überall herumposaunte, er wolle ein junges Mädchen aus der Stadt heiraten?

Sie hatte sich ihm zu widersetzen versucht, und das hatte sie nun davon. Eine Dummheit war das gewesen, und gewiß hatte diese alte Hexe Zahra sie beeinflußt.

Das Gerede über Scheich Hassans ungebührliches Verhalten gegenüber der jungen Frau hatte sich, von Zahra Khanum bewußt geschürt, rasch im Dorf verbreitet.

Zuerst zeigte man mit dem Finger auf den Mullah, und die Dorfbewohner mieden ihn. Dann jedoch drehte Ghorban-Ali den Spieß um und redete den Leuten ein, Soraya sei eine schlechte Ehefrau und habe den armen Scheich Hassan in eine Falle gelockt, um ihn zu kompromittieren. Und so schnell wie sie bedauert und unterstützt worden war, wurde sie nun verachtet und gemieden. Nach

110

und nach schloß sich die Falle, die ihr Mann ihr gestellt hatte. Doch er brauchte weitere Beweise für Sorayas Verfehlungen. Mit dem Tod von Firuzeh, der Freundin seiner Frau, und der Tatsache, daß Hashem nun Witwer war, bot sich Ghorban-Ali eine unverhoffte Gelegenheit. Das Gerücht, Soraya fühle sich zu dem Witwer hingezogen, wurde von niemand anderem als Ghorban-Ali und dem Scheich in Umlauf gesetzt. Und dieses Gerücht war immer lauter geworden, bis die junge Frau schließlich verurteilt wurde, ohne sich verteidigen zu können.

Scheich Hassan kletterte auf den Schemel und sprach:

«Laßt uns beten, laßt uns Gott und unserem verehrten Imam Dank sagen.»

«Er hat recht... er hat recht, ja, wir wollen zu Gott beten», riefen einige Stimmen.

Hassan hob den Koran hoch, den er in den Händen hielt, und begann:

«Im Namen Gottes, des Gnädigen und Barmherzigen...»

Und die Männer und Frauen erwiderten:

«Im Namen Gottes, des Gnädigen und Barmherzigen...»

Zusammen mit den Gläubigen deklamierte Hassan weiter:

«...Gelobt sei Gott, der Schöpfer der Welt, der Weise, der Barmherzige, der Herrscher am Tage der Vergeltung. Dich beten wir an, Dich flehen wir um Hilfe an. Führe uns auf den rechten Weg, auf den Weg derer, die Du mit Deinen Wohltaten überhäuft hast, nicht auf den Weg derer, die Deinen Zorn auf sich gelenkt haben, und nicht derer, die in die Irre gehen.»

Die Stimmen waren kaum verhallt, als Motorenlärm

ertönte und in der letzten Serpentinenkurve am Hang zwei buntbemalte, staubbedeckte Autos auftauchten. Ebrahim sah zu Hassan, und dieser tauschte einen Blick mit Ghorban-Ali. Wer waren diese Leute? Woher kamen sie zu dieser Stunde?

Aus jedem Auto stiegen vier Gestalten in sonderbarer Kleidung: knalligbunte Hosen, närrische Kittel, geschminkte Gesichter, die echte oder falsche Bärte zierten, wirres Haar. Hinter ihnen kletterten zwei Affen, eine Ziege und ein Hund aus dem Wagen.

«Meine Damen und Herren, wir wünschen Ihnen einen schönen guten Tag... Meine Freunde und ich haben die Ehre, in Ihr schönes Dorf zu kommen...»

Der Mann, der sich so anbiederte, schien der Chef der kleinen Truppe zu sein, ein Wanderclown, wie sie zu Hunderten durch den Iran ziehen.

«In der Stadt haben wir erfahren, daß bei euch heute Markttag ist», fuhr er fort. «Da haben wir uns gesagt, wir sollten euch nach des Tages Mühe ein wenig belustigen. Nur herbei, Kinder, nur herbei, ihr braucht keine Angst vor uns zu haben. Seht mal, was wir alles mitgebracht haben.»

Damit schleuderte er eine Handvoll Konfetti in die Luft, dann eine zweite und eine dritte. Wie schimmernde Funken wirbelten sie in den türkisblauen Himmel hinauf.

«Und jetzt gibt es Bonbons, fangt sie auf!» schrie er, an die Kleinsten gewandt.

In Sekundenschnelle lösten sich etwa zwanzig Kinder aus der Menge und stürzten sich auf die kleinen, in buntes Papier eingewickelten Zuckerkugeln, die der Mann in den Staub geworfen hatte.

Die Dorfbewohner verharrten starr und stumm; Scheich Hassan stand mit der Heiligen Schrift in der Hand auf seinem Schemel, rechts und links von ihm Ebrahim und Morteza, vor ihm Soraya, hinter ihm Zahra und die Klageweiber. Keiner von ihnen rührte sich.

«Beendet eure Gebete, entschuldigt uns. Wir wußten nicht... achtet nicht weiter auf uns... wir bereiten alles vor, und wenn ihr fertig seid, kommt ihr zu unserer Vorstellung. Es gibt für alle etwas: Bonbons, Spielzeug, Dressurvorführungen, Zauberkunststücke, alles was groß und klein erfreut. Kümmert euch jetzt nicht weiter um uns...»

Unter den Dorfbewohnern machte sich leichte Verlegenheit breit. Mashdi Ebrahim ergriff das Wort:

«Wir müssen unsere Arbeit zu Ende führen. Kommt alle wieder her. Kinder, auch ihr – später dürft ihr euch die Clowns ansehen, wenn wir hier fertig sind.»

Die Spannung hatte schlagartig nachgelassen. Der Bürgermeister und der Mullah hatten sehr wohl bemerkt, daß das Publikum nicht mehr konzentriert war. Scheich Hassan stieg von seinem Schemel, rückte seinen Turban gerade und verkündete:

«Wenn es der Herr Bürgermeister gestattet, können wir anfangen.»

Mashdi Ebrahim winkte Zahra Khanum nach vorn. Er beugte sich zu ihr hinab und sagte:

«Nimm die Verurteilte am Arm und folge mir. Sage auch den anderen Frauen, daß sie kommen sollen.»

Mit dem Mullah und dem Vater der «Ehebrecherin» an der Seite schritt er langsam auf die tiefe Grube zu, die fünfzig Meter weiter, am anderen Ende des Marktplatzes ausgehoben worden war, unweit der Stelle, wo die Zirkusleute haltgemacht hatten.

Letzteren war noch nichts Besonderes aufgefallen. Ein Mullah auf einem Schemel, kollektive Gebete, die Grube in der Nähe ihrer Fahrzeuge, über alles dies hatten sie sich nicht weiter gewundert. Sie zogen kreuz und quer durch das Land und sahen dabei die sonderbarsten Dinge. Aber das, was hier bevorstand, hatten sie gewiß nicht erwartet. Und nun kamen die Dorfbewohner mit Hacken und Knüppeln bewaffnet, Koran-Verse vor sich hinmurmelnd, geradewegs auf sie zugeschritten!

Der «Leiter» des Trupps sprang auf und wandte sich zu seinen Gefährten:

«Da! Seht euch das an... die kommen genau auf uns zu!»

Er wischte sich den Schweiß von der Stirn und stammelte:

«Meine Herren, meine Herren, was geht hier vor? Was wollen Sie von uns... sollen wir wieder abfahren? Möchten Sie, daß wir abfahren?»

Ohne zu antworten, schritten Ebrahim, Hassan und Morteza weiter, gefolgt von zweihundert Menschen mit drohenden Mienen. Einige Schritte vor den Gauklern blieb der Bürgermeister stehen.

«Weg da, schnell, schafft eure Fahrzeuge und eure Sachen fort, wir brauchen den Platz, ein bißchen schneller!»

«Sofort, der Herr, sofort, was ist denn hier los?»

«Das werdet ihr schon sehen... weg da... Ya Allah! Sammelt alles auf und setzt euch dort drüben unter die Bäume. Und rührt euch nicht von der Stelle!»

Die Gäste ließen sich nicht lange bitten. Die beiden Autos samt Tieren und Gerätschaften wurden etwa dreißig Meter zurückgefahren.

Nun wandte sich Ebrahim um.

«Zahra Khanum, kommen Sie mit der Schuldigen hier nach vorn.»

114

Die Menge wich langsam zur Seite, und die beiden Frauen erschienen. Erst jetzt wurde den Zirkusleuten klar, was hier geschah: sechs Frauen im schwarzen Tschador, eine davon mit tief verschleiertem Gesicht, und Dutzende von Männern, die mit Steinen bewaffnet waren. Entsetzt wichen sie noch einige Schritte zurück. Am liebsten hätten sie die Flucht ergriffen, doch sie blieben wie vom Donner gerührt abseits der Menge stehen. Zahra und Soraya waren jetzt etwa zehn Meter von der Grube entfernt. Mit einer Geste hieß Mashdi Ebrahim sie stehenbleiben.

«Gut so... Jetzt dreht euch um, damit euch alle sehen können.»

Die beiden Frauen drehten sich um. In der ersten Reihe der Menge standen der Mullah, die Stellvertreter des Bürgermeisters, Ghorban-Ali mit seinen beiden ältesten Söhnen und der blinde alte Mann, der den anderen auf Schritt und Tritt gefolgt war und dem man einen Pflasterstein in die Hand gedrückt hatte.

Eine beklemmende Stille lag über dem Platz.

«Zahra Khanum, enthüllen Sie das Gesicht der Verurteilten!»

Die alte Frau führte den Befehl mit äußerster Langsamkeit aus. Sie ließ den Arm ihrer unglücklichen Nichte los, stellte sich vor sie und hob das schwarze Tuch hoch, das Soraya vor den Blicken der anderen geschützt hatte.

Soraya hielt die Augen geschlossen. Der schwarze Tschador auf ihrem Kopf ließ ihr Gesicht noch bleicher wirken, ihre Lippen bebten kaum merklich.

Aus der Menge kamen erneut Schmährufe:

«Hure... Prostituierte! Verworfene... Tochter einer Hündin! Tod der Hündin! Tod diesem schamlosen Weibsstück!»

Einige Arme erhoben sich, bereit, die ersten Steine zu werfen. Mashdi Ebrahim stellte sich zwischen die beiden Frauen und die Dorfbewohner.

«Meine Freunde, es ist soweit: Das Urteil muß vollstreckt werden, so wie Gott es befohlen hat.»

«Wir haben lange genug gewartet!» brüllte eine Stimme.

«Jawohl, wir haben genug gewartet, bringen wir es zu Ende, wir haben auch noch andere Dinge zu tun!» bekräftigte eine andere.

«Tod der Hündin, sie soll sterben, jetzt sofort!»

Der Bürgermeister hob erneut die Hand.

«Alles wird so gemacht, wie Gott es beschlossen hat. Daran wird nichts geändert. Ein wenig Geduld!»

Man brachte ihm den Schemel, und er kletterte mit Mühe hinauf.

«Den ersten Stein wird unser verehrungswürdiger Freund Morteza Ramazani werfen. Verfehlt er sein Ziel, geben wir ihm einen zweiten Stein, bis er die Schuldige trifft; nach ihm kommt Ghorban-Ali, ihr Mann, an die Reihe.»

«Recht so. Es lebe Morteza», rief jemand.

«Danach ist Hassan dran, als Stellvertreter Gottes und des Imam in unserer Stadt...»

«Gelobt sie Gott. Ein langes Leben unserem Imam! Es lebe Scheich Hassan!» fielen weitere, immer erregtere Stimmen ein.

«Nach ihm kommen die ältesten Söhne der Verurteilten an die Reihe, Hossein-Ali und Hassan-Ali, die uns lieb und wert sind und die seit heute morgen so leiden müssen. Durch diese Handlung werden sie ihre Ehre wiedererlangen.»

Er ließ seinen Blick über die Dorfbewohner wandern, die verstummt waren, und fügte hinzu:

«Und schließlich kommt unsere kleine Gemeinde dran. Jeder von euch darf einen Stein auf diese Unwürdige werfen, die uns alle beschmutzt hat.»

Freudenschreie brachen los, noch lauter als zuvor. Mit drohend erhobenen Armen rückte die Menge ein paar Schritte näher.

Mashdi Ebrahim stieg von seinem Hocker und wandte sich erneut an Zahra:

«Zahra Khanum, nehmen Sie der Verurteilten den Tschador ab.»

Die alte Frau wußte, daß Sorayas Schicksal nunmehr besiegelt war. Nichts konnte den Gang der Ereignisse aufhalten. Langsam öffnete sie vor aller Augen den langen schwarzen Schleier von Soraya, die nun in ihrem weißen Kleid dastand. In diesem Augenblick bemerkte Morteza, daß seine Tochter die Kette um den Hals trug, die er ihr am Tag nach dem Tod seiner Frau Shokat geschenkt hatte. Er rappelte sich hoch und zeterte:

«Nimm das ab, Verworfene, nimm die Halskette ab... das ist die Kette deiner frommen Mutter. O mein Gott, warum muß ich soviel leiden!» Nach diesen Worten fiel er in Ohnmacht.

Zahra Khanum nahm das schmale Goldkettchen vom Hals der jungen Frau und händigte es dem Bürgermeister aus. Dieser reichte es an den alten Mann weiter, den man mit Mühe vom Boden aufhob. Als er das Bewußtsein wiedererlangt hatte, ließ er das Schmuckstück in seiner Hosentasche verschwinden.

«Hure, du hast Schande über die Familie gebracht. Elende! Zu Staub sollst du zerfallen!»

Barhäuptig stand Soraya da, die Augen immer noch fest geschlossen.

Zahra faßte sie sanft am Arm und führte sie mit kleinen Schritten zu dem klaffenden Loch.

«Bete, mein Kind, bete inbrünstig, denn Gott erwartet dich, sein Paradies steht dir offen. Bete auch für uns, denn wir wissen nicht, was wir tun.»

Sie hätte sie gern umarmt, aber sie hatte nicht die Kraft dazu. So drückte sie ihr nur den Arm ein wenig fester, bevor sie ihn losließ. Für einen kurzen Augenblick trafen sich die Blicke der beiden Frauen. Sie hatten voneinander Abschied genommen.

«Kommen Sie zurück, Zahra Khanum, stellen Sie sich zu uns», sagte der Bürgermeister.

Soraya wandte der schweigenden Menge den Rücken zu. Sie stand jetzt steif und reglos weniger als einen Meter von der Grube entfernt. Ihr volles Haar fiel ihr über die Schultern bis zur Taille.

Auf Befehl von Mashdi Ebrahim wandte sie sich zu den Dorfbewohnern um, diesmal jedoch hatte sie die Augen geöffnet. Mit festem Blick sah sie die Leute in der ersten Reihe an, die auf sie schauten: Da waren Shokrollah Jalili und Mohamad Ghorbani, Scheich Hassan, arroganter denn je in seinem Mullah-Gewand, ihr Mann und ihre beiden Söhne, und alle hatten einen Stein in jeder Hand. Ihr Blick begegnete dem ihres Vaters, und für einen Augenblick glaubte sie darin eine Spur von Verlegenheit, einen leisen Zweifel zu erkennen. Jedesmal wenn sie ihn ansah, senkte er den Blick. Neben ihm stützte sich der großgewachsene, hagere Mashdi Ebrahim auf seinen Stock, daneben standen Mehdi, der Metzger, Rassul, der Zimmermann, Massud, der Barbier und andere. Zahra stand klein und schmächtig unter den Klageweibern. Sogar der Blinde war da, dessen richtigen Namen sie vergessen hatte und den alle Baba Koure nannten.

Zu Zahra Khanum gewandt, sagte sie im Geist:

«Wie gern habe ich dich gehabt, liebe Tante, wie gern hab ich dich gehabt. Vergiß mich nicht, du, die du die Wahrheit kennst.»

7

Die Steinigung

Die Gaukler hatten ihre Tiere in die beiden klapprigen
Autos eingesperrt und sich für ihre Vorführung fertig gemacht. Geschminkt und in ihrer grotesken Verkleidung
waren sie lautlos einige Schritte näher gekommen, um sich
nichts von dem «Spektakel» entgehen zu lassen.

Seitdem sie von Dorf zu Dorf zogen, hatten sie tausen-
derlei Geschichten und Erinnerungen gesammelt, aus denen sie den Stoff für ihre Darbietungen schöpften. Diese
waren gleichsam eine im Lauf der Jahre und je nach den
Ereignissen immer wieder abgewandelte Chronik der
Orte, durch die sie gekommen waren, eine groteske Kari-
katur des Alltags auf dem Land. Eine Hinrichtung hatten
sie allerdings noch nie erlebt, schon gar nicht eine Steinigung. Gewiß, seit einigen Jahren gab es überall im Land
immer wieder Exekutionen. Sie hatten viele Geschichten
von Erschießungen gehört und von Leuten, die gehängt
worden waren. Jetzt aber sollten sie die erschütterten
Augenzeugen eines Ereignisses werden, von dem sie uner-
müdlich erzählen würden und das sie um so reicher aus-
schmücken würden, je entsetzter sie darüber waren.

Auf ein Zeichen von Mashdi Ebrahim traten Shokrollah

und Mohamad aus der ersten Reihe nach vorn und postierten sich rechts und links neben Soraya, die der still gewordenen Menge das Gesicht zuwandte. Sie hielt den Kopf hoch erhoben und blickte unverwandt auf Zahra, die ihr fest in die Augen sah.

Auf ein zweites Zeichen des Bürgermeisters packten die beiden Männer die junge Frau an den Armen, schleppten sie zu der Grube und ließen sie hineinsteigen.

Ein Murmeln erhob sich unter den Zuschauern. Nun würde das Schauspiel, dessentwegen sie hergekommen waren, wahrhaftig beginnen. Aufgeregt blickten sie auf die wehrlose Frau. Einen Stein in der Hand, warteten sie nur auf den Befehl von Mashdi Ebrahim.

Die Männer mit Schaufeln und Spaten begannen, die Grube, in der Soraya stand, wieder zuzuschütten. Bei jeder Schaufelvoll sangen sie ihr «Ya Allah», um sich Mut zu machen.

Zahra Khanum bemerkte, daß die Männer ihre Arbeit gewissenhaft, ja beinahe ehrfürchtig ausführten, ohne Hast, ohne Grobheit, ohne eine unfreundliche Geste. Sie gingen behutsam vor und achteten sorgsam darauf, Sorayas weißes Kleid nicht zu beschmutzen oder sie gar zu verletzen. Dann hob der Bürgermeister erneut die Hand, und sie legten ihr Arbeitsgerät weg.

Soraya war nun bis zu den Schultern eingegraben. Ihre Arme steckten in der Grube, ihr Haar lag um sie herum ausgebreitet. Sie wirkte völlig abwesend: ihre Augen blickten ins Leere, sie schien die leisen murmelnden Stimmen um sie herum nicht zu hören.

Mashdi Ebrahim begann wieder zu sprechen:

«Soraya Manoutchehri, hast du in diesem Augenblick, da Gottes Urteil vollstreckt werden soll und du für deine

Verfehlungen büßen wirst, irgend etwas zu sagen, hast du uns etwas mitzuteilen?»

Die Verurteilte gab keine Antwort, sie sah den Bürgermeister nicht einmal an, in sich versunken, wie betäubt, schien sie überhaupt nichts wahrzunehmen.

«Wenn du etwas zu sagen hast, dann sag es jetzt, nachher ist es zu spät.»

Die Stille wurde immer drückender. Gebannt lauerte die Menge auf die geringste Regung, auf ein noch so leises Wort der Verurteilten. Doch Zahra wußte, daß ihre Freundin nichts mehr sagen würde.

Der Singsang der Klageweiber setzte wieder ein.

«Zum letztenmal fordere ich dich auf zu sprechen: wenn du etwas zu sagen hast, dann sage es jetzt, denn nachher ist es zu spät.»

Der Bürgermeister wartete noch einige Augenblicke, dann wandte er sich zu Morteza Ramazani um, beugte sich ein wenig zu ihm hinab und fragte ihn mit höchster Ehrerbietung:

«Herr Ramazani, haben Sie, als Vater der Ehebrecherin, etwas zu sagen?»

Der tief gebeugte alte Mann versuchte sich aufzurichten und stieß voller Wut hervor:

«Gottes Wille geschehe. Sie ist nicht mehr meine Tochter. Ich bin nicht mehr ihr Vater. Sie ist eine Fremde für mich. Laßt es uns rasch zu Ende bringen!»

Daraufhin wandte sich der Bürgermeister zu Scheich Hassan, der schon eine ganze Zeitlang geschwiegen hatte, und richtete die Frage an ihn:

«Herr Lajevardi, möchten Sie als Stellvertreter unseres verehrten Imam in diesem Dorf noch etwas hinzufügen?»

Scheich Hassan streckte pathetisch die Hände hoch, in

denen er seinen mit dem Tasbih umwickelten Koran hielt, und rief: «Möge der Wille des Allmächtigen geschehen und das islamische Gesetz angewandt werden.»

Mit einer theatralischen Gebärde ließ er die Arme sinken.

Wie versteinert wandten die Gaukler kein Auge von der Zeremonie, die sich vor ihnen abspielte. Man hatte sie ganz vergessen, keiner beachtete sie.

Mit ausgebreiteten Armen bedeutete Mashdi Ebrahim dem Publikum, einige Schritte zurückzutreten, und zog eine Schnur aus seiner Tasche. Er maß fünfzehn Ellen ab, nahm ein Messer und durchtrennte die Schnur mit sicherer Hand. Dann reichte er sie Shokrollah.

«Das sind sieben, acht Meter. Geh und zeichne mit einem Stück Kreide einen Kreis um die Grube.»

Shokrollah malte einen Kreis auf den Boden, dessen Mittelpunkt Sorayas Kopf bildete.

Die Entfernung war abgesteckt. Die Zielscheibe, die die Teilnehmer an diesem makabren Spiel zu treffen hatten, war für alle sichtbar, ein regloses schwarzweißes Bündel.

In tiefstem Schweigen verteilte sich das Publikum längs der Kreislinie. Es war, als vollführe das gesamte Dorf unter der Regie von Mashdi Ebrahim ein uraltes Ritual, dessen Regeln vom Vater an den Sohn überliefert werden und seit Generationen vertraut sind. Die Gaukler hielten den Atem an. Sie wagten nicht, näher heranzukommen, denn sie hatten Angst, auch einen Stein abzubekommen. Sie standen den mit Wurfgeschossen bewaffneten Männern genau gegenüber. Der Kopf des Opfers, von dem sie nur das auf der Erde ausgebreitete schwarze Haar sahen, war etwa fünfzehn Meter von ihnen entfernt. Der Bürgermeister nahm einen Stein und reichte ihn Morteza.

«Ihnen, Herr Ramazani, gebührt die Ehre, den ersten Stein zu werfen... Bitte sehr...»

Der Alte legte seinen Stock auf den Boden nieder und ergriff den Stein. Er sagte Gott Dank, streckte den Arm und schleuderte den Stein mit aller Kraft in Richtung auf seine Tochter. Dabei brüllte er:

«Ya Allah! Da hast du's, Hure!»

Er verfehlte sein Ziel. Ebrahim reichte ihm einen anderen Stein, und der Alte warf, seinen Haß hinausschreiend, ein zweites Mal auf seine Tochter. Viermal versuchte er sie zu treffen, ohne Erfolg.

Rasend vor Wut, schrie er:

«Gebt mir noch einen Stein, ich will ihr den Kopf einschlagen... ich schlage ihr den Kopf ein!»

Der Bürgermeister gab ihm zu verstehen, daß er die Kreidelinie auf keinen Fall überschreiten dürfe, denn das sei gegen das Gesetz Gottes.

Nun kam Ghorban-Ali an die Reihe. Er hatte die Ärmel hochgekrempelt und vier Steine zu seinen Füßen aufgereiht.

Er wartete auf das Zeichen des Bürgermeisters.

«Du bist dran, mein Junge», sagte Ebrahim liebevoll. «Gott möge dir den Arm führen.»

Der «betrogene» Ehemann straffte seinen Arm und ließ ihn nach vorn schnellen. Der Stein flog zwanzig Zentimeter am Gesicht der Frau vorbei. Sie hatte nicht die geringste Schreckbewegung gemacht, nicht mit den Wimpern gezuckt.

«Weiter, Ghorban-Ali, nur zu, das war gut... gleich hast du sie, die Hündin...» brüllten die Männer in der ersten Reihe.

Sorayas Mann griff nach dem zweiten Stein, wog ihn in

der Hand und blickte auf das Publikum. Er sah aus wie ein Athlet im Stadion, der eine Bestleistung anstrebt. Erneut spannte sich sein Arm, und der Stein streifte den Kopf der Frau.

Die Menge stieß ein enttäuschtes «Oh» aus, doch bevor sie Atem holen konnte, war schon der dritte Stein geworfen und traf die rechte Schulter der Verurteilten.

Ein kaum hörbarer Laut entwich ihrem Mund, und für eine Sekunde schwankte ihr zierlicher Oberkörper.

Das Geschrei schwoll an, und die Männer applaudierten. Ghorban-Ali deutete ein Lächeln an, nahm den nächsten Stein, zielte noch sorgfältiger und warf. Diesmal traf er seine Frau am Haaransatz. Sorayas Kopf wurde nach hinten gerissen, die Stirn platzte auf, Blut strömte hervor.

Ein Jubeln ging durch die Menge. Ohne es zu merken, waren die Dorfbewohner einige Schritte näher gekommen und hatten die Kreidelinie überschritten.

«Geschafft! Ein Hoch auf Ghorban-Ali! Er hat sie getroffen, noch einmal, gib's ihr, dieser Nutte!»

Nun nahmen die beiden Söhne des Opfers ihre Steine und warfen beide gleichzeitig. Nur ein einziger traf die bis zum Oberkörper eingegrabene Frau. Sie schluchzte auf, und ihr Kopf knickte hintenüber.

Einige der Geschosse waren dicht vor den Zirkusleuten gelandet, die wie hypnotisiert waren, außerstande, etwas zu tun oder zu sagen. Die Steine kamen geflogen und schlugen um sie herum auf dem Boden auf. Und dort, einige Meter vor ihnen, schwankte dieser Kopf, dessen Gesicht sie nie gesehen hatten, im Takt der auf ihn einprasselnden Geschosse. Sie sahen, wie die Dorfbewohner unmerklich immer näher an ihr Ziel herankamen und die Würfe immer treffsicherer wurden.

Nun war Scheich Hassan an der Reihe. Er nahm seinen Koran in die linke Hand und ergriff mit der Rechten einen großen Stein. Doch ehe er ihn warf, wandte er sich zu der Menge und sagte salbungsvoll:

«Nicht ich werfe diesen Stein. Gott ist es, der meinen Arm lenkt. Er gibt mir seine Befehle, und ich räche unseren Imam für das schändliche Verbrechen, das dieses Weib begangen hat.»

Die Menge applaudierte stürmisch.

«Ich werde so oft werfen, wie es nötig ist, um diese Hündin zu töten. Nach mir dürft ihr eure Steine auf sie werfen.»

Zahra war weggegangen, als das erste Blut zu strömen begann. Sie wußte, daß Soraya einen langen Todeskampf haben würde, und die unerträgliche Gewalttätigkeit der Szene, die die Zuschauer immer mehr aufputschte, war zu qualvoll für sie. Sie kannte jeden von ihnen, hatte die meisten von jenen, die sich hier wie monströse Ungeheuer gebärdeten, auf die Welt kommen sehen.

Von Schmerz überwältigt, setzte sie sich auf die Holzbank vor der Metzgerei und starrte auf den Boden.

Jedesmal wenn die Menge johlte, wußte sie, daß ihre Nichte wieder von einem Stein getroffen worden war.

Nie zuvor hatte sie sich so geschämt. Obwohl sie wußte, daß sie nichts gegen diese Gewalttat hätte tun können, machte sie sich doch zum Vorwurf, es nicht wenigstens versucht zu haben.

Mashdi Ebrahim schätzte sie und hatte schon oft auf sie gehört. Doch jetzt, da er alt geworden war, ließ er sich nicht mehr so leicht beeinflussen, und obendrein war er von diesem Mullah behext worden. Sorayas Schweigen, ihre eigene Ängstlichkeit, die von Ghorban-Ali und Hashem zusammengereimten Lügengeschichten hatten das übrige getan.

«Hätte ich nur den Mut gehabt, etwas zu sagen, um das arme Kind zu verteidigen, ich wußte doch, daß sie unschuldig ist», murmelte sie immer wieder vor sich hin.

Die sonst so starke Zahra hatte sich plötzlich ängstlich und feige verhalten und sich, genau wie die anderen Frauen von Kuhpayeh, widerstandslos dem Gesetz der Männer gebeugt.

Hätte Mashdi Ebrahim auf sie gehört, wenn sie ihm alles gesagt hätte, was sie wußte, was sie in Erfahrung gebracht, gehört und gesehen hatte? In der Vergangenheit hatte er ihrer so oft bedurft. Hätte sie ihn nicht doch noch zur Vernunft bringen können?

Aber war er nicht selbst in das schändliche Komplott verwickelt? Er, der sonst so Sanftmütige und Gerechte, war innerhalb von kurzer Zeit gewalttätig, anmaßend und autoritär geworden, als zöge er, ohne es zugeben zu wollen, einen Gewinn aus dieser schmutzigen Angelegenheit.

Im Mittelpunkt des Kreidekreises hauchte Soraya ihr Leben aus. Kopf und Oberkörper waren nur noch ein Haufen blutigen Fleisches. Die johlende Menge ließ nicht von ihrem Opfer ab. Der Kreis hatte sich immer enger um Soraya geschlossen. Ihre Kopfhaut war eine einzige klaffende Wunde, Augen und Nase waren zerschmettert, der Kiefer gebrochen. Der Kopf baumelte wie eine groteske Karnevalsmaske an den Resten der rechten Schulter.

Scheich Hassan, der mit blutbespritztem Gewand ganz vorne stand, hob die Hand und forderte Ruhe.

«Meine lieben Freunde... hört mir doch einen Augenblick zu. Ich glaube, Gott hat sein Werk vollendet. Ich glaube, sein Wille ist vollzogen. Möchte jemand den Tod dieser Hündin feststellen?»

Zehn Arme fuhren in die Höhe. Hassan erwählte Said, den Brunnengräber; der Mann beugte sich zu dem Opfer hinab und näherte sein Ohr dem geöffneten Mund von Soraya.

«Sie lebt noch. Die Hündin ist immer noch nicht krepiert», sagte er zu Hassan, als er sich wieder aufrichtete.

Ein Mann ging langsam auf Soraya zu, die Hand mit dem Stein zum Himmel erhoben, und schlug ihr mit aller Kraft mehrmals auf die Schädeldecke. Seinem Beispiel folgend, hob ein zweiter einen Ziegelstein auf, der neben dem Opfer lag, und versetzte ihr damit wie rasend ein halbes Dutzend Schläge. Der Schädel zersprang, und das Gehirn spritzte auf die Erde.

Da erhob sich ein ungeheures Jubelgeschrei:

«Allah o akbar! Allah o akbar! Gott ist groß! Gelobt sei Gott!»

Scheich Hassan hob mit Siegermiene seinen Koran in die Höhe und befahl den Dorfbewohnern, sich um ihn zu scharen.

«Laßt uns dem Allmächtigen Dank sagen.»

Im Nu herrschte absolute Stille. Und nach einem Augenblick der Sammlung begann die Menge zusammen mit dem Mullah zu singen: «Im Namen des gnädigen und barmherzigen Gottes...»

Erst jetzt konnten die Zirkusleute sehen, was ihnen bislang durch die Männer, die sich um Soraya gedrängt hatten, verborgen geblieben war: eine blutige Masse, um die Insekten schwirrten.

Entsetzt wichen sie zurück, aber sie vermochten den Blick nicht von diesem Schreckensbild abzuwenden. Ein

129

streunender Hund strich um die zerschmetterte Leiche, wagte sie aber nicht anzurühren.

Zahra Khanum, die erschöpft auf ihrer Bank saß, merkte, daß der Lärm verstummt war. Da wußte sie, daß es zu Ende war, daß dem «Gesetz», so wie es die Männer definierten, Genüge getan war.

Sie blickte nicht auf, als sie die ausgetretenen Leinenschuhe von Mashdi Ebrahim vor sich sah. Der alte Mann räusperte sich und sagte:

«Wir sind fertig, Zahra. Das Urteil ist vollstreckt. Jetzt ist alles gut...»

Zahra gab keine Antwort.

«Hast du mir gar nichts zu sagen?» fing der Bürgermeister wieder an.

Erst jetzt richtete sie sich auf, sah dem Mann, der mehr als ein halbes Jahrhundert lang ihr Freund gewesen war, fest in die Augen und sagte:

«Armer Ebrahim, ich schäme mich für dich. Möge der Allmächtige dir verzeihen...»

Der Kadkhoda blickte sie verwundert an und schlurfte, auf seinen Stock gestützt, mit einem ehrerbietigen Gruß davon. Zahra sah ihm nach und bemerkte, daß er noch gebeugter ging als sonst.

Sie hatte kein Mitleid mit ihm.

8
Das Begräbnis

Die Sonne war hinter den Bäumen verschwunden. Drei streunende Hunde umkreisten, vom Blutgeruch angelockt, Sorayas sterbliche Überreste. Die Dorfbewohner waren an ihre Arbeit zurückgekehrt. Die Leiche der Gemarterten hatte man, wie das Gesetz es verlangte, als warnendes Beispiel auf dem Dorfplatz liegenlassen.

Immer enger zogen die Hunde ihre Kreise um die Tote. Einer von ihnen schnappte nach Sorayas Kopf und zerrte gierig daran, um ihn vom Rumpf abzureißen. Zahra sprang von ihrer Bank auf und rannte mit einem Stock in der Hand wie eine Furie auf die Tiere zu.

«Weg mit euch, ihr dreckigen Köter, weg da!» schrie sie.

Sie ergriff einen Stein und schleuderte ihn auf einen der Hunde, ohne ihn zu treffen. Zähnefletschend wich er zurück. Nun kamen auch andere Dorfbewohner herbeigelaufen und verscheuchten die drei Hunde, die sich zu den Zirkusleuten flüchteten und sich knurrend niedersetzten.

«Bringt mir eine Decke, macht schnell... Oder ein Bettlaken, irgendwas!» befahl die alte Frau.

Die Leiche der Gesteinigten wurde zugedeckt, und alle

gingen wieder an ihre Arbeit. Es war gegen sechs Uhr abends. Eine Art Erstarrung schien über dem ganzen Dorf zu liegen. Auf dem Markt waren nur vereinzelt Käufer zu sehen, und die Geschäfte wurden mit gedämpften Stimmen abgeschlossen. Von Zeit zu Zeit vernahm man Kindergeschrei, die Stimme einer Mutter, die nach ihren Kleinen rief, oder das Krächzen eines Raben. Auch das Murmeln des Baches und das Säuseln des Windes in den Bäumen war jetzt wieder zu hören. Die Gaukler hatten begonnen, ihre Requisiten auszupacken, doch sie standen immer noch wie unter einem Schock, und alle ihre Bewegungen schienen im Zeitlupentempo abzulaufen. Sie stellten ihr Klettergerüst auf, rollten Teppiche auf dem Boden aus, setzten ihren Affen auf eine Kasse und schminkten sich noch einmal nach. In Scheich Hassans Haus hatte sich der Dorfrat versammelt, um Tee zu trinken und zu rauchen. Schweigend saßen die Männer vor den dampfenden Teegläsern, als ginge ihnen erst jetzt die Bedeutung dessen auf, was sie getan hatten. Hassan sah ungerührt von einem zum anderen. Als er sein Glas geleert hatte, ergriff er das Wort:

«Herr Bürgermeister, Herr Ramazani, mein lieber Ghorban-Ali und ihr anderen, wir alle haben diesen Augenblick des Nachdenkens und der Sammlung gebraucht, um endgültig mit dieser Angelegenheit abzuschließen. Vergeßt nicht, daß Gott es so gewollt hat und daß wir nur seinen Willen vollzogen haben. Ihr solltet wissen, daß dieses Weibsbild nicht die erste Frau ist, die gesteinigt wurde, seit in unserem Land das Gesetz des Allmächtigen herrscht. Dutzende anderer Frauen sind vor ihr gesteinigt worden, und weitere werden ihr folgen, wenn sie Gott beleidigen. Wir haben nichts zu befürchten, und schon morgen werde ich die Provinzbehörden über das, was heute bei uns geschehen ist, in Kenntnis setzen. Ich kann euch sagen, das Dorf Kuhpayeh ist binnen weniger Stunden zum Vorbild geworden, von dem man im ganzen Land sprechen wird.»

Mit ernsten Mienen hörten die zehn Männer zu, tranken ihren glühendheißen Tee, warfen kurze, geflüsterte Kommentare ein und nickten zustimmend mit dem Kopf: «Er hat recht... ja, so ist es.»

«Meine Freunde, das Böse ist unter uns gewesen, und wir haben es nicht gewußt. Zum Glück hat mich der Allmächtige in seiner unendlichen Barmherzigkeit in dieses Bergland geführt. Gott hat gewollt, daß ich euer Dorf vom Bösen und von der Sünde errette. Lasset uns Gott und seinem Propheten danken.»

Mit lauter Stimme begannen sie gemeinsam zu beten:

«Im Namen Gottes, des Gnädigen und Barmherzigen...»

Plötzlich wurde der alte Morteza Ramazani, der Vater der Gesteinigten, von Schluchzen geschüttelt. Er schlug sich mit den Fäusten an den Kopf und stieß stöhnend hervor:

«Ich schäme mich. Oh, mein Gott, wie ich mich schäme. Wie konnte das geschehen. Oh, allmächtiger Gott, erbarme Dich meiner, meine Brüder, verzeiht mir.»

Peinlich berührt, wußten die anderen Männer nicht, wie sie sich verhalten sollten. Doch der Mullah war schnell wieder Herr der Lage:

«Herr Ramazani, Sie brauchen sich nicht zu schämen. Wir alle lieben und respektieren Sie. Sie sind der Älteste von uns, und Sie werden bei uns immer all die Hilfe und Zuneigung finden, die Sie brauchen. Sie sind in diesem Dorf zu Hause, und keiner von uns wird Ihnen je seine Tür verschließen. Wir werden es Ihnen nie vergessen, daß Sie den ersten Stein auf die Ehebrecherin geworfen haben und uns ein Vorbild gewesen sind, und wird sind wie Söhne Ihrem Beispiel gefolgt. Dafür sei Ihnen Dank.»

Und alle stimmten ihm zu und applaudierten.

Der Alte stammelte, an Scheich Hassan gewandt, ein paar Worte des Dankes und barg dann erschöpft sein Gesicht in den Händen. Nun ergriff Mashdi Ebrahim das Wort.

«Wer hätte heute morgen, als wir aufgestanden sind, auch nur einen Augenblick gedacht, daß an diesem Tag bei uns derartige Dinge geschehen würden? Gott hat es so gewollt, wir haben nur seinen Willen ausgeführt, wie Scheich Hassan eben gesagt hat. Doch es wird zweifellos lange dauern, bis wir vergessen können.»

«Ach was», fiel ihm Ghorban-Ali, der etwas abseits saß, ins Wort. «Das stimmt nicht. Ich hab schon alles vergessen. Ich will nicht mehr daran denken, ich will nicht mehr darüber sprechen. Für mich ist das alles vorbei.»

Er stand auf, stieß dabei einen Stuhl um, ging vor sich hinbrummelnd hinaus und schlug die Tür hinter sich zu. Erneut herrschte verlegenes Schweigen. Dann fuhr Mashdi Ebrahim in seiner Rede fort:

«...ich sage es noch einmal: Wir werden lange brauchen, um diesen Tag zu vergessen, besonders wir Alten. Wenn Gott eine Heimsuchung sendet, dann ist das eine Lehre für uns alle, für jung und alt. Wir leiden mit Morteza.»

Scheich Hassan nickte zustimmend.

«Nun geht es darum, Soraya zu begraben, und ich denke, daß Herr Lajevardi zu diesem Punkt etwas sagen möchte.»

Alle Blicke richteten sich jetzt auf den falschen Mullah, der an dieses Problem gar nicht gedacht hatte.

«Ja, in der Tat. Wir müssen uns der Leiche dieser Frau noch vor heute abend entledigen. Ich finde jedoch, und ihr werdet darin mit mir übereinstimmen, daß sie nicht auf unserem Friedhof ruhen soll. Das ist nicht der richtige Platz für sie.»

Diesmal war Ebrahim derjenige, den es unvorbereitet traf. Der Rest der Versammlung unterstützte Scheich Hassan.

«Nein, auf unserem Friedhof wollen wir sie nicht...» sagte Shokrollah, «bei unseren Verstorbenen hat sie nichts zu suchen.»

«Er hat recht», sagte Mohamad Ghorbani, «das geht nicht.»

«Wir wollen sie nicht haben», sagte ein Dritter.

Daraufhin fragte der Bürgermeister Morteza:

«Und du, mein Freund, was hast du beschlossen?»

Der Alte schien gar nicht zuzuhören.

«Morteza, was ist dein Wunsch? Wo soll Soraya begraben werden?»

Doch der Vater der Gesteinigten blieb stumm und teilnahmslos.

«Wenn niemand will, daß sie auf dem Friedhof beerdigt wird», meinte Scheich Hassan, «dann müßt ihr eine Stelle außerhalb des Dorfes suchen. Ihr kennt die Gegend besser als ich, ich überlasse die Entscheidung euch.»

Man konnte sich nicht einig werden. Das Palaver nahm kein Ende, und es kam fast zu Handgreiflichkeiten. Schließlich schlug der Mullah vor:

«Wenn ich recht verstanden habe, möchtet ihr sie weder auf dem Friedhof noch außerhalb des Dorfes begraben, denn das ist euer Grund und Boden, den ihr nicht besudeln wollt... habe ich richtig verstanden?»

Die Männer stimmten mit einer vagen Kopfbewegung zu.

«Ich glaube, ich habe eine Lösung gefunden, aber ich möchte eure Zustimmung. Wir sind uns doch einig, daß Soraya Manoutchehri uns alle beschmutzt und gedemütigt hat?»

«Ja», erwiderten die Männer alle gemeinsam, «ja, sie hat uns beschmutzt und gedemütigt!»

«Ihr seid euch einig, daß sie keine gute Muslimin war und daß sie Gott belogen hat?»

Wieder bejahten sie.

«Ihr seid euch auch einig, daß sie das Wort unseres Propheten nicht geachtet hat?»

Auch diesmal stimmte die Versammlung ihm zu.

«...und daß sie gegen die Lehren unseres vielgeliebten Imam verstoßen hat?»

«Ja, sie hat dagegen verstoßen!»

«Dann will ich es euch sagen. Ich mache euch folgenden Vorschlag: Sie wird überhaupt nicht beerdigt!»

Die Männer sahen sich betroffen an und schwiegen.

«Ihr habt richtig gehört, sie wird nicht begraben werden!»

«Lassen Sie hören, Scheich Hassan. Ich bin sicher, daß Ihre Entscheidung die weiseste ist», warf Ebrahim ein.

«Soraya Manoutchehri hat ein unehrenhaftes und verwerfliches Leben geführt. Sie hat das Vertrauen Gottes, seines Propheten und unseres Imam mißbraucht. Sie hat ihre Familie, ihren Mann und ihre Kinder belogen. Sie hat das ganze Dorf betrogen, und sie hat versucht, unseren Freund Hashem, der noch um seine allzufrüh dahingeschiedene Frau trauert, vom rechten Weg abzubringen. Sie hat gelebt wie eine Hündin. Sie ist gestorben wie eine Hündin. Deshalb soll ihre Leiche den wilden Tieren zum Fraß vorgeworfen werden, die werden dafür sorgen, daß sie verschwindet.»

Ebrahim traute seinen Ohren nicht. Er wollte etwas sagen, doch die Männer stimmten Hassan begeistert zu.

«Das ist die beste Lösung! Zurück zu den Tieren mit dieser Hündin!... Kein Begräbnis... Begraben werden nur gute Moslems!»

Hassan hob beide Hände:

«Meine lieben Freunde, ich mache den Vorschlag, daß wir, die Männer, die ihr Leben hier in Würde führen, sich mit dieser Aufgabe nicht befassen. Überlassen wir das den Frauen. Wenn Said oder Rassul ihnen mit ihren Schaufeln und Hacken helfen wollen, die Leiche auszugraben, so bin ich damit einverstanden, dann aber sollen uns die Frauen dieses Aas vom Halse schaffen...»

«Einverstanden... Auf geht's!»

Die Männer erhoben sich und gingen hinaus. Hassan und Ebrahim beschlossen den Zug. Der Mullah beugte sich zum Bürgermeister hinab und sagte:

«Ich glaube, Sie sollten gleich zu Zahra Khanum gehen und es ihr sagen. Sie sind der einzige, der ihr unsere Entscheidung darlegen kann. Und die Frauen tun nichts ohne ihre Zustimmung.»

«Das wird nicht einfach sein», brummte Mashdi Ebrahim. «Sie kennen sie ja.»

«Nicht so gut wie Sie. Sie werden schon die nötigen Worte finden, aber beeilen Sie sich.»

Trompeten- und Trommelklänge erschallten. Alle Blicke richteten sich auf die Zirkusleute. Die Ziege war auf

137

das Klettergerüst gestiegen, und der Affe schlug Purzelbäume.

«Hört auf! Wollt ihr wohl aufhören!» brüllte Hassan und eilte auf die Gaukler zu. «Dies ist nicht der richtige Moment. Wartet, bis der Platz gesäubert ist, dann könnt ihr beginnen.»

Es wurde wieder ruhig, der Affe stellte seine Luftsprünge ein.

Der Bürgermeister hatte sich zu Zahras Haus begeben und klopfte an die Tür. Er fürchtete sich vor dieser Unterredung und hatte sich schon zurechtgelegt, was er sagen würde. Er hatte nicht nachgegeben, was den heutigen Tag betraf, da würde er sich ihr jetzt, wo alles vorbei war, erst recht nicht beugen. Er klopfte ein zweites Mal. Endlich erhielt er Antwort und trat ein.

«Gott, der Allmächtige, sei mit Euch, Zahra Khanum, und mit den Euren!»

Mit einem knappen Kopfnicken erwiderte sie seinen Gruß und bat ihn, sich zu setzen. Die alte Frau kauerte auf ihrem Sitzkissen am Fußboden, dort, wo noch wenige Stunden zuvor Soraya gesessen hatte. Sie hatte sich eine Zigarette gedreht und rauchte bedächtig. Vor ihr stand eine dampfende Tasse Tee, aber entgegen dem Brauch bot sie ihrem Besucher nichts an.

«Ich weiß schon, weshalb du gekommen bist, aber ich sage gleich nein dazu.»

Verwirrt fragte der Bürgermeister:

«Wozu sagst du nein? Ich habe doch noch gar nichts gesagt.»

«Ich weiß sehr wohl, worum es geht: um das Begräbnis der armen Soraya. Rechne nicht mit mir. Ihr habt diese Ungeheuerlichkeit begangen, jetzt müßt ihr euch auch um alles weitere kümmern. Wir Frauen tun es nicht...»

«Das fängt ja gut an», sagte sich Ebrahim. Er zog seine Pfeife aus der Tasche und stopfte sie sorgfältig.

«Das ist nicht der Grund, weshalb ich zu dir gekommen bin, Zahra, jedenfalls nicht genau.»

Er mußte möglichst schnell Herr der Lage werden, sonst würde ihn die Alte aus dem Haus jagen, ohne daß er ihr Scheich Hassans Plan erläutern konnte.

«Zahra Khanum, ich möchte dir die Beschlüsse des Dorfrats mitteilen...»

«...du meinst, du willst mir sagen, was dieser als Mullah verkleidete Unglücksbringer beschlossen hat! Laß mich dir etwas sagen, denn wir kennen uns gut, du und ich. Ich weiß, daß du im tiefsten Innern nicht mit dem einverstanden bist, was du mir sagen willst, und du weißt, daß ich nicht damit einverstanden sein werde. Irre ich mich, sag?»

Der Bürgermeister wußte, daß er kein leichtes Spiel haben würde, aber er ließ sie reden.

«Meine Meinung ist nicht ausschlaggebend. Wir haben abgestimmt, und der Beschluß ist gefaßt. Ich muß ihn ausführen.»

«Warum kommst du dann zu mir? Haben die Frauen in dieser Gemeinde seit einigen Jahren überhaupt noch etwas zu sagen?»

«Ich wollte dir sagen, daß es mit Sorayas Begräbnis ein Problem gibt, denn keiner will sie auf dem Gemeindefriedhof haben.»

«Habt ihr mich schon gefragt? Und wenn ich dir sage, daß ich wünsche, daß sie neben den Meinen und neben ihrer Mutter ruhen soll?»

«Ich meine etwas anderes. Scheich Hassan ist der Ansicht, daß sie es gar nicht verdient, begraben zu werden.»

«Sag das noch mal, Mashdi Ebrahim! Wage es, mir das noch einmal zu sagen, Mashdi Ebrahim! Sie verdient es nicht?!»

«Nach dem Gesetz Gottes hat eine Gesteinigte kein Recht auf ein Begräbnis, so hat Hassan gesagt.»

«Und woher will er das wissen?... Hat er schon andere Frauen gesteinigt?»

«Er sagt, wer sich von Gott entfernt hat, darf nicht bei denjenigen liegen, die ein würdiges Leben geführt haben.»

Die Diskussion zwischen den beiden alten Leuten war heftig und dauerte lange. Jeder beharrte auf seinem Standpunkt, doch als der Bürgermeister endlich aus Zahras Haus trat, hatte er erreicht, was er wollte. Die Frauen würden den Leichnam der Hingerichteten bei Einbruch der Nacht aus dem Dorfgebiet wegbringen.

Said und Rassul fiel die grausige Aufgabe zu, die Gesteinigte auszugraben. Trotz des Tuchs, das man über sie gebreitet hatte, tummelten sich bereits Fliegen und Würmer auf ihr. Der Geruch war unerträglich. Die Hunde, die herbeigelaufen waren, bellten immer lauter.

Als Sorayas Oberkörper freigelegt worden war, fiel der Kopf wie eine geplatzte Wassermelone zur Seite und löste sich mit dem Geräusch eines brechenden Zweiges vom Rumpf. Die Männer hörten auf zu graben und wandten die Augen ab.

Als das Loch groß genug war, stiegen Said und Rassul hinein. Sie umfaßten den enthaupteten Leib der Toten, die Zahras weißes Kleid trug, und zerrten ihn heraus.

Scheich Hassan, der in der vordersten Reihe der Zuschauer stand, rief:

«Danke, geht euch jetzt waschen... Gott wird es euch lohnen.»

Said und Rassul liefen eilends zum Fluß.

«Deckt die Leiche zu, bis die Frauen kommen, um ihre Arbeit zu tun», fuhr Hassan fort.

Die Hunde hatten sich erregt der Leiche genähert. Einer von ihnen zog an der Decke und entblößte erneut den verstümmelten Körper. Erst als die Frauen kamen, ließen die Hunde, die der Blutgeruch zu Bestien machte, von der Leiche ab.

Der Anblick des grausigen Schauspiels verursachte Zahra einen Brechreiz. Sie preßte sich ein Taschentuch an die Nase und gab ein paar Anweisungen. Ein großes Laken wurde auf dem Boden ausgebreitet, und mit Hilfe von Akram und Sakineh bettete sie Soraya auf das Leichentuch. Ein zweites Tuch wurde gebracht und der Leichnam darin eingehüllt. Dann wurde er auf einen Karren gelegt, den die Frauen mit Mühe zogen, gefolgt von den immer drohender knurrenden Hunden.

Mashdi Ebrahim hatte drei Männer bestimmt, die die Hinrichtungsstätte säubern sollten. Das große Loch wurde zugeschüttet, der Boden eingeebnet und geharkt, um alle Blutspuren zu beseitigen. Said brachte einen Schubkarren voll Erde, mit der er die Stelle bedeckte.

Kühle Abendluft erfüllte jetzt das Dorf. Mitten auf dem Dorfplatz bauten die Gaukler ihre Manege auf.

Einen Kilometer außerhalb des Dorfes mühten sich Zahra Khanum und ihre Gefährtinnen mit dem schwankenden Karren ab. Bei jedem Stein, der im Weg lag, verrutschte die Leiche und drohte hinabzufallen.

An der fünften Kurve machten sie halt, um wieder zu Atem zu kommen. Zahra war völlig erschöpft und wirkte noch eingefallener als sonst; an einem Tag schien sie um sieben Jahre gealtert zu sein. Noch am Abend zuvor hatte sie Soraya umarmt, als diese zu ihr kam, um ihr Obst aus ihrem Garten zu bringen. Und kaum vierundzwanzig Stunden später mußte sie den Karren mit dem Leichnam ihrer zu Tode gemarterten Nichte ziehen.

Es war wie ein Alptraum.

Eine der Frauen stoppte den Karren, der auf dem ausgedörrten Boden ins Rutschen kam, und brach das Schweigen.

«Wie weit gehen wir, Zahra Khanum?»

«Nach der nächsten Kurve tragen wir Soraya zum Flußufer. Diesen Ort hat sie sehr geliebt. Ich glaube, das ist der beste Platz für sie.»

Ihre Gefährtinnen stimmten zu, und sie setzten ihren traurigen Weg fort. Die Hunde folgten ihnen, am Boden schnüffelnd, in einiger Entfernung.

Schließlich machte der kleine Leichenzug halt. Die Wagenräder wurden mit zwei großen Steinen verkeilt. Die Frauen verknoteten ihre Tschadors um die Taille und hoben den in den braunen, rauhen Stoff eingeschlagenen Leichnam behutsam vom Wagen. Am Flußufer, zehn Meter unterhalb der Straße, legten sie ihn zwischen zwei Dornenbüschen nieder.

Zahra achtete darauf, daß Sorayas Leiche sorgfältig eingehüllt und die Tücher fest eingeschlagen wurden, damit kein Reptil oder Insekt eindringen konnte. Rings um die Leiche legte sie große Steine und deckte alles mit Zweigen und trockenem Laub zu. Die Frauen blieben lange schweigend stehen. Dann stiegen sie die Böschung hinauf und kehrten mit dem leeren, blutbefleckten Karren ins Dorf zurück. Je näher sie den Häusern kamen, desto lauter schallten ihnen Trompeten- und Trommelklänge entgegen.

Als Zahra auf den Dorfplatz trat, bot sich ihr ein unglaubliches Schauspiel. An der Stelle, wo Soraya gesteinigt worden war, loderte ein Freudenfeuer, und die Dorfbewohner tanzten um die Flammen. Die Zirkusleute hatten mit ihrer Vorstellung begonnen. Einige der Frauen hatten ihre besten, farbenprächtigsten Kleider angelegt und wirbelten im Kreis, während sich die Männer, weiße Taschentücher schwenkend, um sich selbst drehten und Freudenschreie ausstießen. Zahra blieb wie versteinert stehen und glaubte nicht recht zu sehen. Wenige Stunden nach der Hinrichtung tanzten und sangen die Dorfbewohner so ausgelassen wie an *Tschahar shanbeh suri*, wenn im ganzen Land Freudenfeuer angezündet werden, um die Dämonen zu vertreiben.

Sie erkannte Said und Rassul, die vor kurzem die Tote ausgegraben hatten, dann Mehdi, den Metzger, der um den Barbier Massud herumhüpfte. Ein Stück weiter sah sie die beiden Stellvertreter von Ebrahim. Auch sie sangen und probierten ein paar Tanzschritte. Sie sah den Einäugigen, dann den Hirten Yadollah und seinen Sohn, der fröhlicher denn je war, sie sah Karim, Asghar, Majid und Mohsen, Rahmatollah und Ali-Akbar und all die anderen. Etwas abseits saßen Hossein-Ali und Hassan-Ali, die Söhne der Gesteinigten, und teilten sich eine Wassermelone.

Vor der Metzgerei traf sie schließlich Mashdi Ebrahim und Scheich Hassan. Der Vater des Opfers, der in sich zusammengekrümmt neben ihnen hockte, schien zu schlafen. Ebrahim und Hassan sprachen lebhaft miteinander. Als sie die Frauen kommen sahen, verstummten sie und nickten ihnen grüßend zu. Ohne sie eines Blickes zu würdigen, ging Zahra vorbei.

Sie trat in ihr Haus und schlug die Tür zu. Die anderen Frauen verschwanden in der Dunkelheit und überließen das Dorf seinem obszönen Fest.

Am nächsten Tag verließ Zahra in aller Frühe das Haus. Wie ein Dieb strich sie dicht an den Häuserwänden entlang, um unbemerkt zu bleiben.

Die Asche des Freudenfeuers glühte noch. Die Zirkusleute schliefen vor ihren Autos. Sie ließ das Dorf hinter sich und nahm den gleichen Weg wie gestern, bis zur sechsten Kurve. Dort bog sie in den Wald ein. Als sie sich dem Flußufer näherte, entfuhr ihr ein Schreckensschrei.

Drei Schritte vor ihr lagen schlafend die drei streunenden Hunde, satt und vollgefressen. An ihren Schnauzen und ihrem Fell klebte geronnenes Blut. Von der Leiche der Unglücklichen war nichts übriggeblieben. Die Hunde hatten alles verschlungen. Da und dort waren menschliche Knochen verstreut, ein paar Fetzen der braunen Decke und zerrissene Wäsche; ein Stück weiter lag das, was von Sorayas Kopf geblieben war...

Die alte Frau lehnte sich gegen einen Baum und übergab sich; dann sank sie zu Boden. Die Kräfte versagten ihr. Eine Stunde blieb sie erschöpft liegen. Dann erholte sie sich langsam, stand auf und ergriff mit der letzten Energie, die ihr geblieben war, den größten Stein, den sie finden konnte, und schleuderte ihn mit der Kraft der Verzweiflung auf einen der schlafenden Hunde. Das Tier jaulte vor Schmerz auf und floh ins Unterholz, gefolgt von den anderen.

Wieder band Zahra Khanum ihren Tschador hoch,

kniete nieder und scharrte mit den Händen die feuchte, lockere Erde auf. Als das Loch groß genug war, sammelte sie die Gebeine ihrer Nichte auf, wusch sie im Fluß und legte sie in das Grab, das sie mit Laub und Ästen bedeckte. Dann erst begann sie zu beten und brach in Tränen aus.

Nachwort

Gleich nach der Rückkehr Chomeinis im Februar 1979 wurde ich wegen der Veröffentlichung kritischer Schriften gegen das islamische Regime in Teheran zum Tode verurteilt. Meine Staatsbürgerschaft und alle bürgerlichen Rechte wurden mir aberkannt, und ich wurde wie ein Straßenräuber gesucht – für jeden, dem es gelänge, mich zu fassen oder, schlimmer, mich umzulegen, war eine Belohnung ausgesetzt. Im Garten der iranischen Botschaft in Paris wurden in einem gigantischen Autodafé meine Bücher verbrannt. Ich selbst wurde mitten in Paris entführt und von 120 aufgebrachten iranischen Studenten in den Kellergeschossen der Cité Université einem so brutalen Verhör unterzogen, daß ich nur unter Polizeischutz, körperlich gezeichnet und behindert, entkommen konnte. Diese Erfahrungen allerdings bestärkten mich nur noch mehr darin, die Welt über die Vorgänge im Iran zu informieren, nur mußte ich mir immer ausgefeiltere Tricks einfallen lassen, um die Geschehnisse in meinem Heimatland noch an Ort und Stelle verfolgen und recherchieren zu können.

Im Sommer 1981 reiste ich heimlich über die Türkei in den Iran. Ich war weltweit der erste Journalist, der in den

147

irakischen Internierungslagern auf Kindersoldaten stieß, Zwölf-, Dreizehn- und Vierzehnjährige, die man im Juli 1982 an die Front in Chusistan geschickt hatte. Dort wurden sie über ein Hunderte von Quadratkilometern großes Gebiet getrieben, das von den irakischen Truppen, die sich nach dem Einmarsch in den Iran im September 1980 wieder zurückgezogen hatten, vermint worden war. Von Minen zerfetzt, starben innerhalb von zwei Wochen mehr als 45 000 militärisch unausgebildete, durch die Hetzparolen der Geistlichen fanatisierte Kinder. Ihre erzwungene Opferbereitschaft war es, die es den Truppen Teherans ermöglichte, in den Irak einzudringen.

In einem der Internierungslager begegnete ich dem kleinen Reza und seinen Kameraden, die zu Krüppeln verstümmelt waren und schwere Verbrennungen erlitten hatten. Er erzählte mir seine Leidensgeschichte (*Ich habe keine Tränen mehr*, Rowohlt 1988), und so konnte ich die skrupellose Praxis der iranischen Regierung anprangern, Kinder massenhaft in den Tod zu treiben.

Ich war auch der erste, der in der westlichen Presse über die Einrichtung von Abhörstationen entlang der ganzen iranisch-afghanischen und iranisch-pakistanischen Grenze, vom sowjetischen Turkestan bis zum Persischen Golf und im Iran selbst berichtet hat. Diese Abhörstationen erlaubten es den Russen, alles abzuhören, was sich auf der arabischen Halbinsel, in dem weiten Bogen von Bombay bis Bagdad abspielte. Zwischen Sabol und Chahbahar entstanden zu Dutzenden geheime Flughäfen, unterirdische Stützpunkte und Parabolantennen, während sich die UdSSR aus Afghanistan zurückzog.

Auf einer dieser heimlichen Reisen in mein Heimatland habe ich zufällig – während ich auf die Belutschen wartete, die mich entlang der pakistanischen Grenze zurückgeleiten sollten – jene bewundernswerte Frau kennengelernt, die ich Zahra Khanum nenne und die heute nicht mehr lebt. Unsere erste Begegnung im Herbst 1986 währte nur kurz, kaum ein paar Stunden. Ich versprach ihr, sechs Monate später wiederzukommen, und zwar allein ihretwegen: und ich hielt Wort. Ich lebte in ihrem Dorf, mit ihren Leuten, den Protagonisten dieser barbarischen Geschichte. Bis auf zwei waren sämtliche Akteure anwesend: der Kadkhoda, der Ehemann, der Mann der Nachbarin, der Brunnengräber, der Hirte, der Metzger, der Maurer, die Stellvertreter des Bürgermeisters und natürlich die Familie des Opfers und die Frauen des Dorfes. Die einzigen, die fehlten, waren Soraya, die unter den geschilderten Umständen, deren dunkler Schatten immer noch über diesem schönen Gebirgsdorf liegt, gesteinigt worden ist, sowie der falsche Mullah, über dessen Verbleib ich nie etwas habe in Erfahrung bringen können. Einige behaupten, er sei geflohen, andere, er sei im Gefängnis, wieder andere, er sei brutal ermordet und verscharrt worden.

Acht Tage lang habe ich das Leben in diesem kleinen Dorf genau beobachtet. Keiner hat je mit mir über die Steinigung gesprochen, an der sich alle Männer beteiligt hatten und deren ohnmächtige Zuschauer die Frauen gewesen sind. Schon einen Tag nach dem Massaker hatte das Leben wieder seinen gewohnten Gang genommen, und keiner stellte sich noch irgendwelche Fragen, weder der Witwer noch der Vater, noch die Kinder. Zahra war mit ihrer Trauer allein, und wenige Monate später ist sie vor Kummer über den Verlust ihrer Nichte gestorben.

«Warum sollten diese einfachen, ungebildeten Männer nicht einem Mullah Gehör und Glauben schenken, der ihnen einredet, es sei ihre Pflicht, diese Frau zu beseitigen, wo doch anläßlich der Pilgerfahrten nach Mekka die gleiche Tat seit Jahrhunderten millionenfach wiederholt worden ist?» so ein französischer Islamologe.

In der Tat wird die uralte Tradition am Ende des «Hadjdj» weiter gepflegt: Am letzten Tag der Pilgerreise, auf dem Berge Arafat, nehmen die Pilger Steine und steinigen drei Säulen, die hoch in den Himmel ragen und den Dämon symbolisieren. In der Symbolik der schiitischen Muslims verkörpert die Ehebrecherin (oder die vermeintliche Ehebrecherin) den Teufel und muß durch Steinwürfe getötet werden.

Keine einzige Zeile im Koran fordert zum Mord auf oder erlaubt ihn, wie groß auch immer die Schuld sein mag, die geahndet werden soll. Jeder Mullah hat allerdings das Recht und die Pflicht, die Heilige Schrift nach eigenem Gutdünken auszulegen. Es muß jedoch betont werden, daß solche barbarischen Akte, wie sie in diesem Buch beschrieben werden, heutzutage immer seltener werden. Organisationen wie die ONG (Organisations non gouvernementales), das Internationale Rote Kreuz, amnesty international, die Internationale Liga für Menschenrechte, die Organisation iranischer Frauen und die iranische Liga für Menschenrechte schätzen, daß seit dem Sturz des Schah im Februar 1979 in der Islamischen Republik mehr als tausend Frauen gesteinigt worden sind, also nahezu hundert Frauen pro Jahr oder zwei pro Woche! Drei Viertel dieser Opfer wurden in den ersten drei Jahren des neuen Regimes ermordet, was Filme, Fotos und Kommentare in der Lokalpresse belegen. Seit 1982 sind die Ziffern rückläufig, doch praktiziert wird diese Barbarei nach wie vor. Noch im Juni 1991 wurde in Karadj, einem vierzig Kilome-

ter westlich von Teheran gelegenen Dorf, eine Zweiundzwanzigjährige gesteinigt. Derartige Szenen kollektiver
Hysterie ereigneten sich nie in Großstädten oder größeren
Provinzstädten, sondern immer in den rückständigsten
ländlichen Gebieten, in den Bergen und abgelegenen Dörfern fern von indiskreten Blicken. In den Städten wird Ehebruch durch eine Haftstrafe, eine hohe Geldstrafe, durch
Verstoßen der Frau oder öffentliches Auspeitschen geahndet. Es ist sogar vorgekommen, daß eine reiche Frau, die
sich des Ehebruchs schuldig gemacht hatte, einen islamischen Richter bestochen und den Prozeß gegen ihren betrogenen Ehemann gewonnen hat! Kurzum, je mehr Geld
man hat, desto besser kommt man davon.

Um das ganze Zeremoniell, das mit diesem Relikt aus
einer anderen Zeit verbunden ist, besser zu verstehen, muß
man die Plakate an den Türen der Gefängnisse, der Rathäuser und anderer öffentlicher Gebäude gesehen haben.
Nachdrücklich propagieren sie die Verwendung von Steinen, die genau jene Größe aufweisen sollen, daß die Angeklagte leidet und nur sehr langsam stirbt. Ein zu großer
Stein würde allzu rasch töten, ein kleinerer nur oberflächliche Verletzungen verursachen. Die vorschriftsmäßigen
Wurfgeschosse, die auf diesen Plakaten abgebildet werden, sollen etwa die Größe eines Tennisballs haben und
von einem Kreis aus auf das bis zu den Schultern eingegrabene Opfer geschleudert werden, nachdem der Vater, der
Ehemann und die Kinder die ersten Steine geworfen haben. Es ist ein Fest, ein Zeremoniell der kollektiven Reinigung eines Dorfes oder einer Gesellschaft, die durch eine
Mitbürgerin beschmutzt worden ist.

Natürlich gibt es im iranischen Strafgesetzbuch für Ehebruch und jede Art ehelicher Untreue auch die Todesstrafe

durch Erhängen oder Erschießen. Bei diesen beiden Straf-
arten kann die geschändete Bevölkerung am Akt der Reha-
bilitation jedoch nicht wirklich teilhaben, sie ist lediglich
Augenzeuge und Zuschauer.

Letzte Etappe auf dieser Reise des Schreckens: Wenn
das Opfer zu Tode gemartert ist, obliegt es den Frauen, den
Leichnam aus dem Dorf fortzuschaffen. Begraben dürfen
sie die Tote nicht, denn «sie ist es nicht wert, in islamischem Boden beerdigt zu werden»! So wird sie fern von
neugierigen Blicken unter Astwerk verborgen und in der
Nacht von wilden Tieren verschlungen, so wie es Soraya
widerfuhr.

Lassen wir zum Schluß noch einmal Zahra Khanum zu
Wort kommen: «Ich bin zu Nächstenliebe und Gottesfurcht erzogen worden. Für mich ist der Allmächtige gnä-
dig und barmherzig, nicht hart und grausam. Ich mußte
etwas für meine Nichte tun, irgend etwas. So habe ich die
spärlichen Reste ihrer Gebeine an einem Ort begraben,
den nur ich allein kenne. Und ich bin sicher, daß Allah mir
das nicht zum Vorwurf machen wird.»

Paris, August 1991

Freidoune Sahebjam

«Ich habe keine Tränen mehr»

Deutsch von Renate Heimbucher-Bengs
Iran: Die Geschichte des Kindersoldaten Reza Behrouzi
rororo aktuell 12139

Er ist noch keine dreizehn, als er dem Druck der Mutter nach-
gibt und sich als «Kämpfer Gottes» für Chomeinis Armee
meldet. Mit tausend anderen dieser Kindersoldaten wird Reza
Behrouzi über die Minenfelder Chusistans getrieben, um den
iranischen Truppen freie Bahn zu schaffen. Granatsplitter
und Kugeln durchlöchern ihm Rücken, Wirbelsäule und
Beine, bevor er in irakische Gefangenschaft gerät.

Freidoune Sahebjam hat die Geschichte des Jungen Reza
Behrouzi aufgeschrieben. Reza erzählt von seinem Lehrer,
von dem er die Liebe zu den Gedichten, zu den Pflanzen und
zu den Schmetterlingen lernt; von seinem Dorf in den Bergen;
vom Tod seines Vaters und seiner Brüder, die in dem «Krieg
gegen die Ketzer» fallen; von Scheich Mamad, der die verwit-
wete Mutter ausnutzt und für ihren Umzug in die Stadt sorgt;
er erzählt, wie seine Mutter ihn mit Schimpf und Schande
davonjagt und ihn der iranischen Armee ausliefert. Er erzählt
von den kurzen Freundschaften auf dem Minenfeld, mit Massud, dem Märtyrer, und mit Leo, der als Verräter erschossen
wird, weil er einem irakischen Soldaten zu trinken gab.

Reza Behrouzi überlebt die Reise ins Grauen. Heimkehren
kann er nicht. Wer überlebt, gilt dem iranischen Regime als
Verräter. Seine Mutter bezieht für den «Märtyrertod» ihrer
Söhne eine ansehnliche Kriegsrente und gilt vor Freunden
und Nachbarn als «Heldenmutter».

Rowohlt Taschenbuch Verlag

Bahman Nirumand / Keywan Daddjou

Mit Gott für die Macht

Eine politische Biographie des Ayatollah Chomeini
rororo aktuell 12718

Den Gottesstaat auf Erden zu errichten versprach der iranische Revolutionsführer Ayatollah Chomeini den Gläubigen,
als er unter dem Jubel der Bevölkerung 1979, nach dem Sturz
des Schahs, aus seinem Pariser Exil heimkehrte in den Iran.
Aber der Frühling der Freiheit währte nur kurz: Politische
Gegner wurden gefoltert und hingerichtet, Frauen gedemütigt, gequält und aller Rechte beraubt, Kinder in den Krieg
gegen den Irak geschickt. Kommunisten und Liberale, Demo-
kraten und Nationalisten, religiöse und ethnische Minderhei-
ten wurden als Heiden oder Gotteslästerer verfolgt. Sie zu
töten galt als heilige Pflicht. Die Gewalt richtete sich gegen
alle, die nicht bereit waren, sich dem Diktat der islamischen
Fundamentalisten zu unterwerfen.
Sechs Millionen Arbeitslose, drei Millionen Flüchtlinge,
Kriegsinvaliden und Massengräber, zerstörte Städte und Dör-
fer, gefolterte und gedemütigte Menschen, ein Land, das öko-
nomisch bankrott und politisch isoliert ist – das ist das Werk
eines Mannes, der sich auf Gott berief, aber die Macht meinte.
Wer war dieser Ayatollah Chomeini, der Millionen von
Menschen in den Tod trieb? Ein Demagoge, ein Scharlatan,
dem die Religion nur Mittel zum machtpolitischen Zweck
war? Oder war er ein Strenggläubiger, gottergeben und über
Menschliches erhaben, der kein Opfer und kein Verbrechen
scheute, um seine Mission zu erfüllen?

Rowohlt Taschenbuch Verlag

Bahman Nirumand

Iran – hinter den Gittern verdorren die Blumen

rororo aktuell 5735

Bahman Nirumand – iranischer Journalist – ist 1979 nach vierzehn Jahren Exil in den Iran zurückgekehrt. Er erlebte den Sturz des Schah und die Machtergreifung der Mullahs. In Reiseberichten, Analysen, Tagebüchern und Gesprächen versucht er Erklärungen zu finden für die Faszination, die anfänglich von Chomeini ausging, für seinen unaufhaltsamen Aufstieg, für die zunehmende Gewalttätigkeit seiner Anhänger; er geht aber auch der Frage nach, warum die Linke – Nirumand war einer ihrer führenden Politiker – zu Beginn auf Seiten der Mullahs kämpfte und später, Ironie der Geschichte, verfolgt und verboten wurde.

Dieses Buch ist die eindrucksvolle Schilderung eines Mannes, der wie wenige andere mit Selbstkritik und Trauer, aber ohne Wehleidigkeit Bericht geben kann von einer gesellschaftlichen Umwälzung, die die islamische Welt so nachhaltig veränderte.

Rowohlt Taschenbuch Verlag